中國武術規定套路①

中國武術系列規定套路編寫組　編寫

螳螂拳

大展出版社有限公司

前　言

中國武術素以歷史悠久、内容豐富、流派眾多而著稱。據 1986 年業已結束的中國全國武術挖掘整理工作調查統計：在中國源流有序，拳理明晰，風格獨特，自成體系的拳種有 129 個。

爲了使這些古老拳種重放異彩，更好地爲全民健身服務，爲武術走向世界創造條件，國家體育總局武術運動管理中心、武術研究院從 1995 年開始，對一些流傳廣泛、影響較大的拳種進行了系統的整理，並在此基礎上創編了系列規定套路。

首批列入系統研究整理的拳種包括：形意拳、八卦拳、南拳、少林拳、太極拳、劈掛掌、八極拳、通臂拳、螳螂拳等等。

系列規定套路拳種整理工作得到了各有關單位領導的大力支持，也得到了部分老武術家、老拳師和武術工作者的極大幫助，在此謹表謝意。

由於我們水平有限，工作中難免有不足之處，敬請各位讀者批評指正。

編者

顧　　　問：李杰

主　　　編：馬文廣

執 行 主 編：張　山

副　主　編：姜周存　　張連登　　張玉萍　　徐伯然

編　　　委：乙立清　　于　海　　王常凱　　王岱友

　　　　　　王啟增　　王海鷗　　王　森　　王秀遠

　　　　　　王傳友　　牛懷祿　　牛振華　　毛莉虹

　　　　　　孫經國　　孫　波　　李柱訓　　師景旺

　　　　　　陳　勇　　張炳斗　　張福州　　徐桂林

　　　　　　高淑芹　　馬忠軒　　崔志強　　霍瑞亭

　　　　　　欒玉香

專家審定組：

　　　　組　長：張　山

　　　　副組長：蔡龍雲　　王玉龍

　　　　成　員：周永祥　　周永福　　王新泉

　　　　　　　　劉善民　　馬叢苓　　張啟超

繪　　　圖：臧　燕

目　錄

5

目錄

螳螂拳

第一章

概　述

第一節　螳螂拳的源流

螳螂拳相傳為明末清初，山東即墨人王郎所創，王郎自幼習武，曾與人較技比武，因敗而歸，在回鄉途中見螳螂捕蟬而受啟發。他根據螳螂靈敏而快速的動作創編了螳螂拳。

螳螂拳經過數百年的演變與發展，在山東膠東煙臺地區逐步形成了梅花螳螂拳（或稱太極梅花螳螂拳）、七星螳螂拳（又名羅漢螳螂拳）、六合螳螂拳三大流派。

人們將流傳於萊陽、海陽、牟平、福山、蓬萊、黃縣等地經李秉霄、趙珠、梁學香、姜化龍、郝連玉、宋子德等傳遞的一脈技藝為代表的稱為梅花螳螂拳。

在民國時期，膠東各縣國術館許多以教梅花螳螂為主，一時極為盛行。由於膠東商人居多，螳螂拳不斷傳於各大商埠，如青島、上海、廣東，以及東北的大連、丹東、營口、哈爾濱、瀋陽等地。梅花螳螂拳的名稱取意於拳法緊湊，一氣呵成的幾個動作似朵朵梅花而得名。

人們將流傳於煙臺、福山、威海等地經李子占、王雲生、范旭東、林景山、羅光玉等人傳遞的一脈技藝為代表的稱為七星螳螂。七星螳螂取意於動作中的七星勢。

六合螳螂是清朝同治年間一名叫魏德林（魏三）的人所

創。六合螳螂拳是以螳螂拳為主，集形意、通臂、八卦、太極、劈掛六種拳法精髓創編而成，故稱六合螳螂拳；另有所謂「六合」即：上下、左右、前後幾個方向及身體各部之間的密切配合而言。六合螳螂拳先在招遠，後傳入黃縣，主要傳人有林世春、丁子成、趙乾一、單香陵等人。

螳螂拳在近代較有影響的傳人有李坤山、王玉山、崔壽山、紀春亭、郝恆祿、孫文斌、郝斌、周永祥、周永福、李占元等。

第二節　螳螂拳的內容與風格特點

一、螳螂拳的內容

螳螂拳經過一個多世紀的傳習與發展，已逐漸形成了較完整的技術體系，技術內容頗為豐富。有單練，有對練，有徒手，也有器械，還有自己獨特的功法練習。

其中梅花螳螂拳的主要套路內容有：蹦步、攔截、偷桃、摘要、八肘、翻車、梅花路、撲蟬等；七星螳螂拳主要的套路內容有：彈腿、插捶、翻車、蹦步、攔截、摘盔、摘要、九轉十八跌、白猿出洞、白猿偷桃等；六合螳螂拳主要套路內容有：三捶、截手圈、雙封、鐵刺、仙手奔、短捶、藏花及六合摘要九十三手等。

二、螳螂拳的風格特點

螳螂拳強調象形取意，重在取意，剛柔相濟，強剛極柔，長短兼備，變幻莫測，上下交替，內外相接。手法、步

法、腿法、身法密連而巧妙，穩健而靈活；並且活中求快，快中求穩，動作剛而不僵，柔而不軟，脆而不弱，快而不亂，處處保持完整的態勢。發力時，快速突然，鬆緊結合，富於彈性。

第三節　螳螂拳的功能

螳螂拳是一項鍛鍊身體、防身自衛、祛病延年的武術運動項目。由於它的運動規律和風格特點，對身體某些部位和器官有著特殊的要求，因此，它的健身意義和價值同其他拳種不盡相同。螳螂拳對身體的影響是多方面的，經由長期系統的鍛鍊，可使人體各部位得到較全面的發展，達到強身健體、延年益壽的目的。

（一）加強運動系統的活動能力，提高身體素質

螳螂拳以密集多變、矯捷迅疾的手法而著稱武壇。在運動或技擊的過程中，手臂的伸縮變化比較頻繁，防守或待攻時，兩臂回收至胸前，強調蓄勁待發；進攻時，突然放長擊遠，力達拳面或掌端，做到力起於腳，發於腰，順於肩，催於肘，達於手，力通「三節」。

這種時收時放、時短時長的運動形式與特點，對上肢各關節有較高的要求，要求腕、肘、肩各關節靈活自如，協調一致。因此，由反覆練習，有力地訓練了上肢各關節的伸展、收縮能力，使骨骼、肌肉群和韌帶得到全面的鍛鍊。

戳腳步（玉環步）是螳螂拳的主要步型，它在套路中處於重要的地位，不僅出現的次數較多，起著主導作用，而且

許多動作或步型之間的銜接和轉化也往往是透過它來完成的。戳腳步比其他步型的負荷量和運動量要大，經常練習可增強腿部肌肉群的力量、耐力和彈性。增強下肢骨骼的堅固性。

螳螂拳在運動和技擊的過程中，除依靠步法的變化創造進攻和防守的有利條件外，主要依靠腰部的左轉右旋，前俯後仰來滑脫、閃避對方進攻的手法、腿法和路線，從而尋找空隙進行反擊。同時腰部的運動，又建立在兩腿屈膝下蹲，重心下沉的基礎上，靠胯部來維持平衡，兩胯的下沉、內收和夾嵌，使身體重心沉實而穩健，有利於腰部的擰轉。

這種以腰為軸、以胯為核心、以腿為支撐的運動特點，有效地訓練了腰胯及大腿肌肉群的力量、堅韌性及靈活性，從而加強了運動系統的活動能力。

螳螂拳運動包含屈伸、回環、平衡、跳躍、翻轉等各種動作，人體各部位幾乎都參與運動，系統地進行螳螂拳鍛鍊，對人體力量、速度、靈敏、柔韌、耐力等身體素質都有較大的提高。

(二) 鍛鍊神經系統，提高內臟機能，促進體內物質代謝

人體的多種多樣活動，依賴於大腦皮質神經細胞的興奮與抑制的調節來完成，而動作的變化、協調和平衡則全由中樞神經系統來指揮。螳螂拳是一項比較激烈的運動項目，它節奏鮮明，快速有力，長短兼備，變幻莫測，上下交替，內外相接，勇猛潑辣，剛柔相濟，有一氣呵成之勢，要求手眼身法步密切配合，協調一致。

在這樣一個特定的運動條件下，必然導致神經系統支配運動器官之間的協調性，有益於提高內臟器官的機能，增大肺活量，加強血液循環，促進消化和體內新陳代謝的過程。

（三）競技觀賞，豐富生活

螳螂拳具有很高的觀賞價值，歷來為人們喜聞樂見。它惟妙惟肖地展現了螳螂攻守進退的技擊特點和動作姿態，既有氣魄雄偉、勇猛頑強的格鬥氣息，又有栩栩如生、形象優美的藝術性。從整體套路到每個動作，在蘊含技擊技巧的前提下，與仿生、象形、取意有機地融合在一起。因此，螳螂拳具有很強的藝術感染力。

它不僅能給人一種獨特的藝術享受，使人心曠神怡，而且可以培養人們正確的審美觀和熱愛藝術的興趣，成為陶冶性格的一種獨特藝術，從而豐富人們的生活。

第四節　螳螂拳、劍基本技術

一、螳螂拳

（一）螳螂拳的身型與身法

1. 對頭、頸部的要求

頭部端正，並要有頂勁，但頂勁不可太過，要似有似無，頂勁太大會造成頸部僵硬，無頂勁則頸部軟塌，這樣都會影響頸部的靈活性。

頸是頭左右轉動的軸承，也是神態提起的關鍵。因此，頭部能否靈活自如地轉動，決定於頸部肌肉的鬆緊程度。頸部僵硬或過鬆，頭部的轉動都會遲緩，只有正確地運用頂勁，使頸部肌肉似鬆非鬆，才能達到頭部轉動的靈活性。

2. 對上肢部的要求

① 肩

「鬆肩」是對肩部提出的要求。「鬆肩」能使肩關節韌帶放鬆，使兩臂產生韌性和彈性。這樣不僅能增加手臂的長度，而且能增大力度。

② 肘

「垂肘」是對肘部提出的要求。「垂肘」是指肘關節保持微屈下垂，使肩肘鬆活放長，增加肩肘的柔性和靈活性，使臂存有蓄勢。

③ 腕

「含腕」是對腕部提出的要求。「含腕」是指腕關節放鬆微屈腕內含，以便達到腕中蓄力，發勁如彈的要求。

3. 對軀幹部的要求

① 胸、背

「含胸拔背」是對胸背部提出的要求。「含胸」是指胸不外挺，即兩肩微扣，胸部微內含。含胸能使胸肌放鬆，加大胸部的柔韌性和收縮性，增大兩臂的力量。

「拔背」與「含胸」是相互聯繫的，要含胸就勢必拔背，拔背是在胸略內含時背部肌肉向下鬆沉，兩肩中間頸下第三脊骨鼓起上提並略向後上方拉起。這樣背部肌肉就含有一定的張力和彈力。

② 腰

「鬆沉」是對腰部的要求。「鬆」是指腰椎鬆開，腰部的肌肉放鬆而增長，從而加強腰部肌肉的收縮力，使腰在運動時不但靈活自如，而且保持良好的韌性和反彈性。「沉」是指腰部的下沉，使氣順利進入丹田，身體重心下降，加強重心的穩定，便於上體做各種快速動作時，不會因發力猛、動作快而導致身體晃動和失去身體重心。

腰部在鬆沉的基礎上，還須有胯的密切配合，才能使腰運使得更好，如腰動胯不動，腰部的活動幅度就會縮小。因此，必須做到腰擰胯轉，腰旋胯隨。

③腹

「似收非收」是對腰部提出的具體要求。「收腹」有利於「頂頸」、「含胸」，但不要收腹過大，過大會影響腰的鬆沉，容易造成軀幹僵硬和氣上浮，不利於氣沉丹田，使腹空而不實，對身體的穩健和發力都不利。

4. 對下肢的要求

①襠

「吊襠」是對襠部所提的要求。「吊襠」是指會陰內收，襠的吊起能使胯、膝關節自然地鬆開，下肢活動靈活，而且還能促使氣自然下沉，使腹部始終實而不空。

②胯

「鬆胯」是對胯部提出的要求。「鬆胯」是指胯部放鬆下沉，與腰的鬆沉緊密相連，鬆胯是在吊襠的基礎上進行的，如果只鬆胯不吊襠，胯、膝、踝就會鬆懈無力，下肢就會浮而不固，伸縮性和柔韌性也相對減弱。

③膝

「扣而鬆」是對膝部提出的要求。螳螂拳的多數步型需

螳螂拳

扣膝，但要鬆，膝關節除發力的一瞬間外，無論動與定，均應保持屈而不直和充足的蓄勢。

④ 腳

腳是步法和步型的根基，步法應在吊襠、鬆胯、鬆膝的基礎上，使踝關節和腳的各關節鬆開，以達到與上體及兩臂在快速運動中靈活而協調的配合，做到手到腳到，腳到手達，相順相隨。定勢時，為使動作穩固，腳趾要「抓地」。

5. 對身法的要求

「腰要活」是對身法所提的要求。螳螂拳的身法變化可分為：閃讓、擰轉、含收、俯仰、折彎、展放等，這些身法的變化多是主宰於腰。因此，「腰要活」的身法要求，一方面是要求各種身法在運動的時候要靈活自如，有曲折有變化；另一方面要求胸、腰椎的柔韌性和運使能力也要好，才能使動作做得既柔軟又堅韌，柔軟則靈活，堅韌則有力。

動作做的靈活、有力，又富有曲折變化，演練起來才會協調而生動。但要特別強調，所有身法的變化都離不開攻防含義，否則那將是錯誤的身法。

（二）螳螂拳的手型與手法

1. 手型

① 拳：握拳如捲餅，即食指、中指、無名指、小指由第一指節依次卷曲握緊，拇指第一指節橫壓於食指與中指第二指節上，拳面要平，直腕。拳的部位包括：拳面、拳心、拳背、拳眼、拳輪（圖1–1）。

拳眼向上為立拳；拳心向下為俯拳；拳心向上為仰拳。

② 掌：五指併攏，伸直後張。掌的部位包括：掌指、

掌心、掌背、掌根、小
指一側、拇指一側（圖
1-2）。

二指掌（劍指）：
食、中指併攏伸直，無
名指、小指彎曲，拇指
彎曲扣壓在無名指第一
指節上（圖1-3）。

掌指向上，掌心向
前為正立掌；掌指向

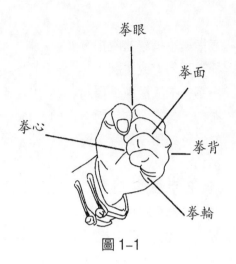

拳眼

拳面

拳心

拳背

拳輪

圖 1-1

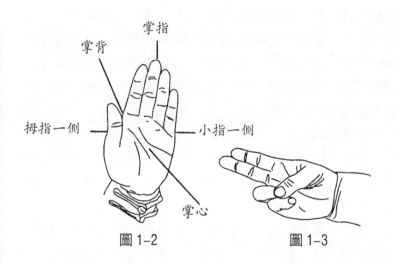

掌指

掌背

拇指一側

小指一側

掌心

圖 1-2

圖 1-3

上，小指一側向前為側立掌；掌心向下為俯掌；掌心向上為
仰掌；掌指向下為倒掌。

③勾手：屈腕，食指、中指與拇指第一指節撮攏，無

螳
螂
拳

名指與小指彎曲內扣，稱為刁勾；或屈腕，五指第一指節撮攏，稱為撮勾。勾的部位包括：勾尖、勾頂、勾背（圖1-4）。

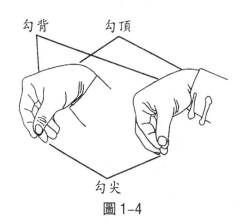

圖1-4

2.手法

螳螂拳的手法按照傳統的說法有：提、拿、封、閉、黏、拈、幫、貼、來、叫、順、送十二種。這些手法明暗交替，剛柔相濟，運用時，通常以組合動作為主，做到手無單行，手腳並用。小動作多以腕關節的旋轉纏繞而發滾勁；大動作則立圓、平圓交替，整圓、半圓互用，即使是直拳，其勁路也與長拳不同，形直而勁旋，直而復曲。螳螂拳的手法包括拳法、掌法、勾法和肘法。

① 拳法

沖拳（前沖、側沖、上沖、下沖）：拳從腰間臂由屈至伸向前快速沖出，力達拳面為前沖拳；側沖、上沖、下沖要求同前沖拳，惟方向不同。

崩拳：臂由屈至伸，拳心向下由胸前猛然向前上方抖腕崩擊，臂微屈，力達拳背，拳心向後上方。

劈拳（前劈、側劈、斜劈、掄劈）：拳自上向下（斜劈向斜下）快速劈擊，臂伸直，力達拳輪；掄劈時臂要掄成立圓劈擊。

貫拳：拳從側下方向斜上方弧形橫擊，臂微屈，拳眼斜

向下，力達拳面。

挑拳：臂微屈，拳自下向前上方抄起擊打，高不過頭，拳背向前，力達拳面。

栽拳：臂由屈至伸，拳自上向下或向前下擊打，臂伸直，力達拳面。

砸拳：臂屈肘，拳自上向下砸擊，拳心向上，力達拳背。

橫擊拳：直臂或臂微屈，自側向前或自左向右，或自右向左，或由前向左後或右後平掃橫擊，力達前臂及拳背或拳輪、拳眼。

反擊拳：臂由屈至伸或直臂，拳自下向上或由側下方向斜上方弧形反擊，力達拳背。

② 掌法

推掌：掌由腰間向前立掌推出，速度要快，臂伸直，力達掌心或小指一側；或掌由腰間向左（右）前推出，手心斜向上，臂微屈，力達掌小指一側；或掌由腰間向前下推出，掌指向下，手心向前，臂微屈，力達掌心。

劈掌（前劈、斜劈、掄劈）：直臂或微屈臂，掌由上向下或向斜下方劈擊，力達掌小指一側。

挑掌：直臂或微屈臂，掌由下向上用力挑起，力達掌拇指一側。

穿掌（前穿、側穿、上穿、後穿）：手心向上或向下，臂由屈至伸，經身體某一部位穿出，力達指尖。

插掌：臂由屈至伸，直腕向下或斜下插掌，力達指尖。

砍掌：仰掌或俯掌向左（右）砍擊，力達掌小指一側。

按掌：掌自上向下按，手心向下，力達掌心。

撲掌：俯掌直腕下拍，快速有力，力達掌心。

採掌：掌由左（右）向右（左）平擺畫弧採手變拳，拳心向下；或由左下（右下）向右上（左上）採手變拳，拳眼斜向下。

摟手：掌心向下，向斜側畫弧，力達掌小指一側。

抹掌：掌心向下，右掌從左前臂上向左、向前、向右畫弧平抹；或左掌從右前臂上向右、向前、向左畫弧平抹，力達掌小指一側。

雲掌：掌在面上或面前，以腕、肘、肩為軸，平圓畫弧繞環，幅度可大可小，力達掌小指一側或拇指一側。

反擊掌：臂由屈至伸或直臂，掌由下向斜上方，或由一側向斜前方反掌摔擊，力達掌背。

爬掌：掌心向前下方，兩掌依次向前上方拍擊，力達掌心。

塌掌：掌心向下，先含腕後坐腕下塌，力達掌根。

托掌：掌心向上，由下向上托起，力達掌心。

搓掌：兩掌心相對，一掌與另一掌快速搓擊，力達掌心。

擺掌：以肩、肘為軸，掌由右向下、向左、向上、向右在身前立圓掄擺；或掌由左向下、向右、向上、向左在身前立圓掄擺，力達掌拇指一側和小指一側。

掛掌（上掛、下掛）：臂由直變屈，掌由前向後上方掛出，掌指向上，力達掌拇指一側；或臂由屈變直，掌由上向後下方掛出，力達掌小指一側。

③勾法

刁勾：臂由伸至屈，由掌變勾手由外向裡、向後、向外

畫弧刁採；或由裡向外、向後畫弧刁採，力達掌指。

勾摟：臂由伸至屈，勾手由前向後勾摟，勾尖向下，勾頂向上為正勾手；或勾手由前向下、向後弧形勾摟於身後，勾尖向上，勾頂向下為反勾手；或勾手由斜前向斜後方勾摟，勾尖向下，勾頂向上成正勾手，力達手指。

勾擊：臂由屈至伸，勾手由近及遠突然用勾尖向前、向側或向其他方向啄擊，而後迅速屈臂將勾手收回，力達勾尖。勾擊一般用撮勾。

④肘法

頂肘（前頂、側頂）：屈肘握拳，拳心向下，肘尖前頂或側頂，力達肘尖。

捆肘：一臂屈肘臂內旋用前臂尺側上架，拳眼斜向下，另一臂屈肘用前臂尺側向斜前方推肘，拳心向上，高與腰平，力達前臂尺側。

格肘（裡格、外格）：屈臂握拳，拳心向後，向體內猛力橫撥為裡格，力達前臂尺側；向外橫撥，拳心向裡（外）為外格，力達前臂橈側或尺側。

栽肘：屈肘由上向下頂擊，力達肘尖。

掩肘：臂微屈肘，用前臂尺側由外向裡、向後掩裹，力達前臂尺側。

頓肘：兩臂屈肘或一臂屈肘，肘部貼肋向後頂擊，力達肘尖。

橫擊肘：臂微屈肘，用前臂尺側由外向裡猛力橫擊，拳心向上，力達前臂尺側。

幫肘：兩腕相疊，後手拳臂助力，前手前臂突然內旋向前猛力推出，兩拳心斜向外下方，力達前手前臂尺側。

疊肘：屈肘由腰間向前上或向左（右）疊擊，力達肘部外側。

秘肘：臂由屈至伸，屈腕用勾頂擊打，力達勾頂。

架肘：屈臂內旋上舉，手心向外，力達前臂尺側。

擻肘：一手採抓對方腕部，另一臂屈肘，用前臂尺側猛擊對方肘部；或一手採抓對方腕部，另一臂屈肘下壓對方肘部，力達前臂尺側。

腆肘（單腆、雙腆）：屈肘由下向前上方頂擊，肘尖向前或前上方，力達肘尖。

搬肘：臂伸直，左臂由右向左，或右臂由左向右橫打，力達前臂。

壓肘：肘微屈由上向後下方或向下沉壓，力達前臂。

砸肘：肘微屈由上向下猛力下砸，力達前臂。

（三）螳螂拳的步型與步法

1. 步型

① 戳腳步（玉環步）：前腿屈膝半蹲，大腿接近水平，膝部與腳尖垂直並微向內扣，全腳著地；後腿外展屈膝下跪，膝部不能接觸地面，後腳在前腳斜後方以前腳掌內側著地，兩腳相距約等於本人腳長的2倍，重心落於兩腳之間偏前（圖1-5）。

② 翹腳步（七星步）：前腿伸直，以腳跟著地，腳尖勾起內扣；後腿屈膝半蹲，大腿與地面約45°，全腳著地，兩腳相距約等於本人腳長的2倍，重心大部落於後腿上（圖1-6）。

③ 弓步：前腿屈膝半蹲，大腿接近水平，膝部與腳尖

圖1-5

圖1-6

圖1-7

圖1-8

垂直微向內扣，全腳著地；後腿挺膝蹬直，腳尖內扣斜向前；全腳著地，兩腳相距約等於本人腳長的4倍，重心落於兩腳之間偏前（圖1-7）。

④馬步：兩腿屈膝半蹲，大腿接近水平，兩膝微向內扣，膝部與腳尖垂直，兩腳平行向前，兩腳尖正對前方；全腳著地，兩腳相距約等於本人腳長的3倍，重心落於兩腿之間（圖1-8）。

⑤虛步：後腿屈膝半蹲，大腿接近水平，膝部與腳尖

圖 1-9

圖 1-10

圖 1-11

圖 1-12

外展45°，全腳著地；前腿屈膝，膝部與腳尖微向內扣，腳跟抬起以前腳掌前部虛點地面，兩腳相距約等於本人腳長的2倍，重心落於後腿上（圖1-9）。

⑥歇步：兩腿交叉屈膝全蹲，前腿腳尖外展橫向外，全腳著地；後腳腳跟離地，臀部緊貼後小腿（圖1-10）。

⑦仆步：一腿全蹲，大、小腿靠緊，臀部接近小腿，全腳著地，膝與腳尖稍外展；另一腿伸直平鋪接近地面，腳跟著地，腳尖上翹內扣（圖1-11）。

圖 1-13　　　　　　　圖 1-14

⑧ 半馬步：前腿屈膝，腳尖微內扣；後腿半蹲，大腿接近於水平，腳尖向外；兩腳距離同馬步，體重偏於後腿（圖 1-12）。

⑨ 叉步：兩腿交叉，前腳腳尖外展 45°，全腳著地，屈膝半蹲，大腿接近水平；另一腿挺膝伸直，前腳掌著地，重心偏於前腿（圖 1-13）。

圖 1-15

⑩ 獨立步：一腿伸直站立；另一腿屈膝在身前或體側提起，高過腰部，上體正直或側傾，腳尖繃直或勾起（圖 1-14）。

⑪ 併步：兩腳併攏，兩腿伸直或半蹲，兩腳全腳著地（圖 1-15）。

第一章　概述

螳螂拳

圖 1-16

圖 1-17

⑫ 丁步：兩腿半蹲併攏，一腳全腳著地支撐，另一腳在支撐腳內側相靠，腳尖點地（圖 1-16）。

⑬ 橫襠步：兩腳左右開立，約同弓步寬，全腳著地，兩腳尖正對前方，一腿屈膝半蹲，大腿接近水平，另一腿挺膝伸直（圖 1-17）。

2. 步法

螳螂拳的步法有上步、退步、進步、撤步、跳步、跨步、蓋步、墊步、跟步、踏步、跳換步、插步等。要求其步法無論進攻或退防，左擊與右閃，兩腿始終彎曲或稍屈，保持著隨時應變的蓄勢。

（四）螳螂拳的腿法

1. 腿法

螳螂拳的腿法分明、暗兩種。明腿是指彈、蹬、踹、勾等，練習時應做到：腿要生風，腰胯膝要鬆。鬆腰能增大爆發力，鬆胯、鬆膝能使腿變得靈活，以便將腰勁更快地傳到

腳。鬆不是始終不變，鬆與緊要相互交替，力在爆發前要鬆，在爆發的瞬間要緊。

暗腿是指手臂與膝、腳有機配合並用的一種不顯於外的腿法，暗腿用力的方向總是和手臂用力方向相反。

① 彈踢：支撐腿直立或稍屈；另一腿由屈至伸，向前或側前方脆快有力地彈出，高不過胸，膝部挺直，腳面繃平，力達腳尖。

② 側踹：支撐腿直立或稍屈；另一腿由屈至伸，腳尖勾起內扣，向側踹出，上體斜傾。低踹與膝平；中踹與腰平；高踹高過腰部；力達全腳掌。

③ 側蹬：支撐腿直立或稍屈；另一腿由屈至伸，腳尖勾起，從支撐腿後向側蹬出，腳尖斜向下；或另一腿向側蹬出，腳尖勾起向上，力達腳跟。低側蹬高與膝平；中側蹬高與腰平；高側蹬高過腰部。

④ 後蹬：支撐腿直立或稍屈；另一腿由屈至伸，腳尖勾起向後上方蹬出，上體前俯，力達腳跟。低後蹬高與膝平；中後蹬高與腰平；高後蹬高過腰部。

⑤ 前蹬踹：支撐腿直立或稍屈；另一腿由屈至伸，腳尖勾起外展，向前蹬踹，力達全腳掌。低蹬踹高與膝平；中蹬踹高與腰平；高蹬踹高過腰部。

⑥ 側鏟：支撐腿直立或稍屈；另一腿由屈至伸，腳尖勾起，腳掌內翻，向側鏟出，力達腳外側。低側鏟高與膝平；中側鏟高與腰平；高側鏟高過腰部。

⑦ 勾踢：支撐腿直立或稍屈；另一腿由屈至伸，腳尖勾起內扣，腳跟擦地，在身前向後上方勾踢，力達踝關節內側。

螳螂拳

2. 膝法

① 上頂膝：支撐腿直立或稍屈膝；另一腿屈膝，由下向上頂擊，力達膝部。

② 側頂膝：支撐腿直立或稍屈；另一腿屈膝，由下向側上方頂擊，力達膝部。

二、螳螂劍

(一) 螳螂劍器各部位名稱與規格要求

1. 各部位名稱（圖 1-18）。

① 劍刃：劍身兩側鋒利的部位，稱為劍刃。

② 劍脊：劍身中間一條直線隆起的部位，稱為劍脊。

③ 劍尖：劍身最前端尖銳的部位，稱為劍尖。

④ 劍身：劍尖至劍格處的全長，包括劍刃、劍脊、劍尖在內的部分，稱為劍身。

⑤ 劍格：劍身與劍柄之間作為護手的部分，稱為劍格。

⑥ 劍柄：劍格後部作為持握的部位，稱為劍柄。

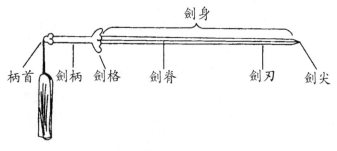

圖 1-18

⑦劍首：劍柄的柄頭，稱為劍首。

2.規格要求

根據性別和身高的不同，螳螂劍分為小型、中型、大型三種規格。小、中、大型劍的劍首、劍柄、劍格均為：劍首4公分，劍柄18公分，劍格5公分；小型劍的劍身長91公分，中型劍的劍身長95公分，大型劍的劍身長100公分。

（二）螳螂劍的基本方法

1. **推劍**：平劍，劍尖橫向側方或側前方，用小指一側的劍刃向前或斜前方推進，力達劍刃中端或後端。

2. **刺劍**：立劍或平劍向前直出為刺，力達劍尖，臂與劍成一直線。劍刃朝上下為立劍，劍刃朝左右為平劍。

3. **點劍**：立劍，提腕使劍尖猛向前下點擊為點，力達劍尖，臂伸直，或使劍尖向側下方點擊稱為側點劍；或用拇指一側劍尖向側下方點擊稱反點劍。

4. **崩劍**：立劍，沉腕使劍尖猛向後上或側上方崩擊為崩，力達劍尖。

5. **撩劍**：立劍，由下向前上方或由上向後下方撩出為撩，力達小指一側前部劍刃。

6. **截劍**：劍身向斜上方或斜下方揮擊為截，力達前部劍刃。上截劍斜向上；下截劍斜向下；後截劍斜向後下方，臂與劍成一直線。

7. **劈劍**：立劍，由上向下揮擊為劈，力達小指一側劍刃。掄劈貼身體左（右）側繞一立圓；後掄劈要與身體後轉協調一致。

8. **掛劍**：立劍，劍尖由前向上，向後或向下、向後為

螳螂拳

掛，力達拇指一側前部劍刃。向上、向後貼身掛劍為上掛劍；向下、向後貼身掛劍為下掛劍；貼身立圓掛劍一周為掄掛劍。

9. **雲劍**：平劍，仰身抬頭，劍貼近胸部和面部，以腕關節為軸，使劍從前向左、向後、向右、向前平圓繞環，或向相反方向平圓繞環為上雲劍；上體側倒，劍貼近右肩和右耳或左肩和左耳，以腕為軸使劍向左、向後、向右或向右、向後、向左平圓繞環稱為右雲劍或左雲劍，力達劍刃。

10. **斬劍**：平劍，向左或向右橫出為斬，力達劍刃。

11. **絞劍**：以腰帶臂，使劍向左或向右立圓繞環為絞，力達劍身。

12. **壓劍**：平劍或立劍，由上向下按壓，力達劍身平面或劍刃。

13. **抹劍**：平劍，由前向左（右）弧形抽回為抹，高度在胸腹之間，力達小指一側劍刃。旋轉抹劍要求旋轉一周或一周以上。

14. **格劍**：平劍，由前向左、向後或向右、向後抽割，力點劍刃後端或中端向前移動。

15. **帶劍**：平劍或立劍由前向側後或側後上方抽回為帶，力達劍刃。

16. **架劍**：立劍，橫向上為架，劍高過頭，力達劍上刃。

17. **穿劍**：平劍，劍尖經胸腹間弧形向前穿出為平穿劍，力達劍尖，劍身不得觸及身體；前臂內旋再外旋，立劍劍尖由前向後轉動穿出為後穿，高不過膝，低不觸地；背後穿劍要求劍尖向下、向後、向上穿於背後，劍脊貼近身體，

劍尖向上。

18. **鑽劍**：平劍或立劍，劍尖向前（側）刺出，隨即上體向左（右）翻轉，劍尖方向不變，隨上體翻轉使劍尖立圓繞環。

19. **挑劍**：立劍，由下向上為挑，力達劍尖，臂與劍成一直線。

20. **掃劍**：平劍，向左（右）橫出，與踝關節同高為掃，力達劍刃。旋轉掃劍要求旋轉一周或一周以上。

21. **洗劍**：平劍，上體前俯吸腹，扣腕使劍尖由前、向左、向後、向右貼近胸腹弧形掃劍，力達劍刃。

22. **腕花劍（剪腕花、撩腕花）**：以腕為軸，立劍，在臂兩側使劍尖由前向下、向後、向上、向前立圓繞環，力達劍尖，稱為剪腕花。以腕為軸，立劍在臂兩側使劍尖由前向上、向後、向下、向前立圓繞環，力達劍尖，稱為撩腕花。

第二章

螳螂拳競賽規定套路

第一節　螳螂拳初級競賽規定套路

　　螳螂拳初級競賽規定套路是螳螂拳入門學習的基本套路。其動作規範，運動路線清晰，動作結構較簡單，適應面廣。內容突出螳螂拳的基本步型、步法、手型、手法和腿法。

　　全套分 4 段，共 36 個動作，其中沖、崩、貫、挑、劈 5 種拳法；推、按、採、抹、掛、撲、擺、反擊 8 種掌法；刁、摟兩種勾法；幫、秘、格、頓、架、撅、疊、捆、掩 9 種肘法；勾、彈 2 種腿法；戳腳步、翹腳步、弓步、虛步、半馬步、橫襠步、獨立步、併步 8 種步型；上步、退步、進步、跳步、跨步、蓋步、蓋跳步、換步、跟步、踏步、墊步 11 種步法。完成整套動作的時間 50 秒左右，脈搏最大強度 168 次／分左右。

一、動作名稱

預備勢

第一段

1. 虛步雙勾手
2. 翹腳步右格肘

3. 戳腳步右崩拳

4. 戳腳步雙勾手

5. 翹腳步雙採手

6. 戳腳步左刁右推掌

7. 進步左挑拳

8. 提膝左沖拳

9. 戳腳步左崩拳

10. 弓步右劈拳

11. 提膝右疊肘

12. 戳腳步右反擊掌

第二段

13. 戳腳步右貫拳

14. 翹腳步雙秘肘

15. 戳腳步雙幫肘

16. 弓步左推掌

17. 戳腳步右秘肘

18. 戳腳步下沖拳

19. 半馬步左撲掌

第三段

20. 虛步頓肘左沖拳

21. 戳腳步右沖拳

22. 提膝右反擊掌

23. 翹腳步左架右推掌

24. 右上摟勾踢

第四段

收　勢

二、動作說明

預備勢

併步站立，兩臂下垂於身體兩側。目平視前方（圖2-1）。

第一段

1. 虛步雙勾手

① 左腳尖外展，身體左轉90°，右腳後撤一步成左弓

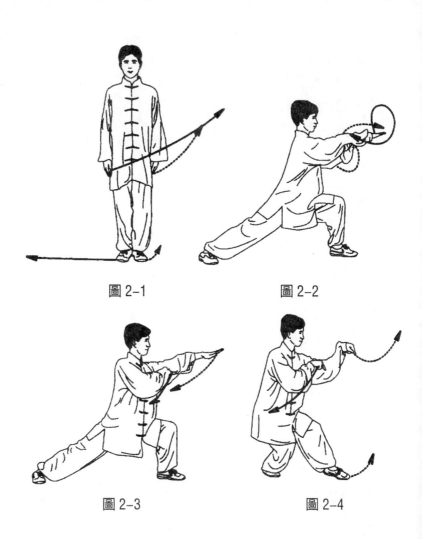

圖 2-1　　　　　　　　圖 2-2

圖 2-3　　　　　　　　圖 2-4

步；同時兩臂屈肘在胸前交叉，右臂在上，兩掌心均向下。目視右掌（圖2-2）。

　②右掌向上、向右、向下、向後畫弧繞環停於左肘下，右臂屈肘，掌心向下；同時左掌向下、向左、向上畫弧繞環前伸於胸前，掌心向下。目視左掌（圖2-3）。

　③身體微右轉，重心後移，右腿屈膝半蹲，左腳後移

圖 2-5

圖 2-6

半步，腳尖點地成左虛步；同時兩掌變勾手，隨重心後移向下、向後摟手，兩臂屈肘，兩勾尖向下，右勾手收於左肘內側，左勾手勾頂高與肩平。目視左勾手（圖 2-4）。

2. 翹腳步右格肘

① 身體微左轉，左腳向前移步，腳尖外展；同時左勾手變掌，採手握拳停於左前方，拳眼斜向下，右勾手變拳，收抱於右腰側，拳心向上。目視左拳（圖 2-5）。

② 身體繼續左轉，右腳向左腳前上步，腳尖上翹勾起，內扣，成右翹腳步，左腿屈膝下蹲，重心落在左腿；同時左拳收於左腰側，拳心向上，右拳向右、向上、向左擺動，用右前臂向左格肘，力達右前臂尺側，右拳心向內。目視右前臂（圖 2-6）。

3. 戳腳步右崩拳

① 身體微左轉，右臂內旋，右拳向左、向下扣壓，拳眼斜向下。目視右側方（圖 2-7）。

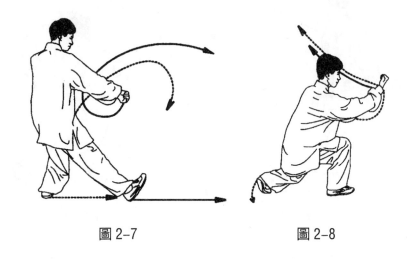

圖 2-7   圖 2-8

　　② 身體微右轉，左腳用力蹬地，右腳向前跨步，隨之左腳跟步成左戳腳步；同時左拳由左腰側變掌向前、向上、從右前臂外下按於右肘下方，掌心向下，右拳向後、向上、向前上方崩出，高與鼻平，拳心斜向上，力達拳背。目視右拳（圖 2-8）。

4.戳腳步雙勾手

　　① 身體起立，重心後移至左腿，左腳跟落地踏實，隨之身體左轉；同時右拳隨身體左轉，向左、向上擺於左肩前，拳心向內，左掌在右拳擺動時沿右前臂外側向上、向左採手握拳於面前右側，拳心向外。目視左拳（圖 2-9、圖 2-9附圖）。

　　② 上動不停。身體右轉；兩拳變掌，右掌向下、向右、向上臂內旋畫弧停於頭右前方，掌心斜向外，拇指一側向下；同時左臂外旋，左掌向左、向下、向右前畫弧停於右胸前方，掌心斜向上。目視右前方（圖 2-10）。

圖 2-9　　　　　　　　　　圖 2-9 附圖

圖 2-10　　　　　　　　　　圖 2-11

　　③左腳用力蹬地，右腳向右前方跨步，隨之左腳向前
拖步跟進成左戳腳步（同前述戳腳步，下同一動作不再細
述）；同時右掌變勾手，向前、向右、向下搬摟於右前方，
勾尖斜向下；左掌變勾手向後、向左搬摟於右胸前，勾尖斜
向上。目視右勾手（圖 2-11）。

圖 2–12   圖 2–13

5. 翹腳步雙採手

①身體起立，向左轉體；同時兩勾手變掌，隨轉體左掌向下、向左收於左腹前，掌心向下，右掌向下、向左、向前擺於胸前，掌心向下。目視右掌（圖 2–12）。

②身體右轉，隨之左腳向左前方上步；同時右掌向右、向後、向左畫弧平擺採手於胸前，掌心向下，左掌向上、向左、向前、向右畫弧平擺採手於右掌前，掌心向下。目視左掌（圖 2–13）。

③身體左轉；同時右掌從左前臂上向左前方穿抹，左掌向下、向後收於右肘下內側，兩掌心均向下。目視右掌（圖 2–14）。

④身體右轉，右腳向前上步，右腳尖勾起內扣成右翹腳步；同時左掌抓握於右腕上，右掌變拳與左手一起向下、向右下拉於右膝外側，拳心向下，高與膝平。目視右拳（圖 2–15）。

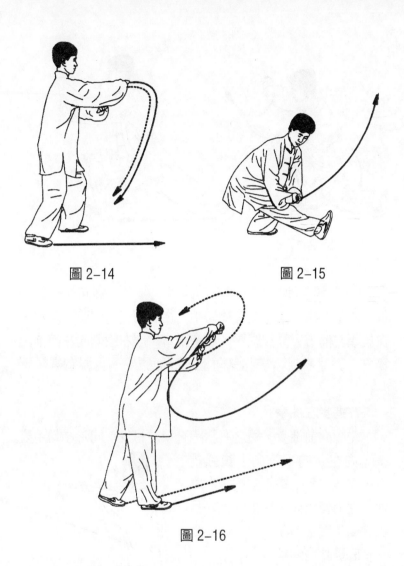

圖 2-14　　　　　　　　圖 2-15

圖 2-16

螳螂拳

6.戳腳步左刁右推掌

　　① 身體起立，左腳跟抬起，向左轉體；同時右拳向上、向左前方貫擊，高與肩平，左手變掌伸於右前臂下。目視右拳（圖 2-16）。

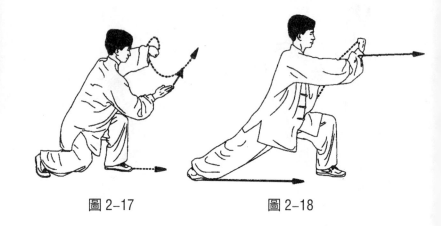

圖 2-17　　　　　　　　圖 2-18

②右腳蹬地，左腳向左前跨步，隨之右腳向前拖步跟
進成右戳腳步；同時左掌變勾手，從右前臂下向前、向左刁
採於頭左前方，高與眼平，右拳變掌，經右腰側向左前推出
橫掌，力達掌根，掌心斜向上，高與腰平。目視右掌（圖
2-17）。

7. 進步左挑拳

左腳向前進步，隨之右腿蹬直成左弓步；同時左勾手變
拳，向左、向下、向上畫弧挑
拳，高與口平，拳心向內，右掌
扶於左前臂內側，掌指向上。目
視左拳（圖 2-18）。

8. 提膝左沖拳

①右腳向前跟步，上體微
左轉；同時右掌沿左前臂上向前
橫掌推出，掌心向下，掌指向
左；左拳隨右掌推出收抱於左腰
側，拳心向上。目視右拳（圖

圖 2-19

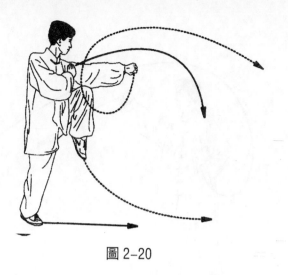

圖 2-20

2-19）。

②左腿屈膝提起，左腳尖繃直下垂；同時左臂內旋，左拳從腰間向前沖出，高與肩平，拳眼斜向下；右掌收於左肩前，掌指向上。目視左拳（圖 2-20）。

9. 戳腳步左崩拳

左腳向前跨出一步，隨之右腳向前拖步跟進成右戳腳步；同時右掌向前、經左前臂外側下按收於左肘下，掌心向下，掌指向左；左拳向下、向後、向前上方崩出，高與鼻平，拳心斜向上。目視左拳（圖 2-21）。

10. 弓步右劈拳

①上體微右轉再微左轉，左腳向右前弧行上步；同時右掌變拳收於右腰側，拳心向上；左拳變掌向右、

圖 2-21

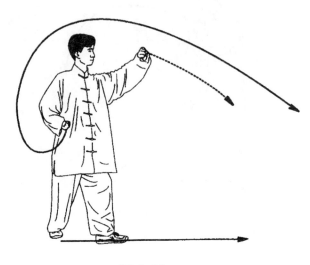

圖 2-22

向左上方採手握拳，拳眼斜向下，高與眼平。目視左拳（圖 2-22）。

②身體左轉，右腳向前上步成右弓步；同時右拳向下、向後、向上、向前下劈出，拳眼向上，高與肩平；左拳變掌，扶於右前臂內側，掌心向右。目視右拳（圖 2-23）。

11. 提膝右疊肘

①左腳向右腳前上步，隨之右腿屈膝提起，右腳尖下垂，身體右轉；同時右臂外旋，右拳收於右腰側；左掌回收，經右臂下向前採手握拳，拳眼斜向下，高與肩平。目視左拳（圖 2-24）。

②身體左轉；右臂屈肘向前，向左疊肘；左拳變掌，微後收扶於右肘處，掌指向上。目視右肘（圖 2-25、圖 2-25 附圖）。

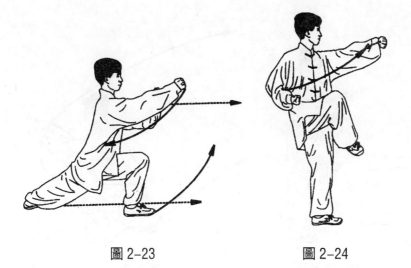

圖 2-23　　　　　　　　　　　圖 2-24

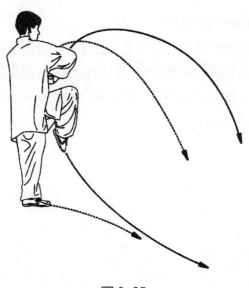

圖 2-25

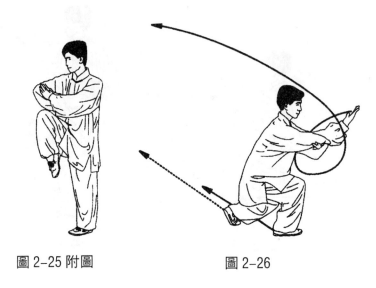

圖 2–25 附圖　　　　　　　圖 2–26

12. 戳腳步右反擊掌

左腳用力蹬地，右腳向右前方跨步，隨之左腳向前拖步跟進成左戳腳步；同時左掌下按於右肘下；右拳變掌，由右腰側向左、向右前方反擊，掌心斜向內上方，高與眉平。目視右掌（圖 2–26）。

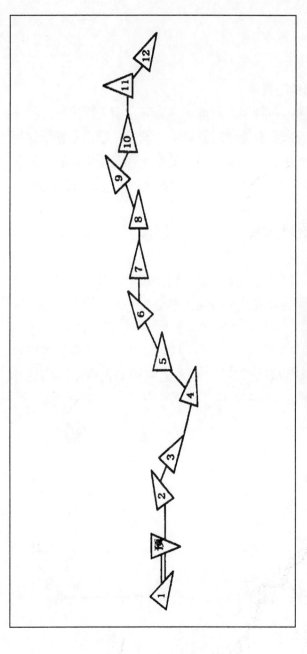

初級螳螂拳第一段動作路線示意圖

註：圖中三角形小角尖的指向為運動員的該式胸部朝向。
下同。

第二段

13.戳腳步右貫拳

身體左轉，右腳用力蹬地，左腳向左前方跨出一大步，隨之右腳向前拖步跟進成右戳腳步；同時左掌沿右臂下採握變拳再變掌，扶於右拳背；右掌變拳，經右腰側向右、向左前上方貫擊，高與頭平，力達拳背。目視右拳（圖2-27）。

14.翹腳步雙秘肘

①重心移至左腿，右腳抬起，在左腳內側用力踏地震腳，隨之重心再移至右腿，左腳稍抬起；同時左掌變拳，兩臂外旋，兩拳同時收於兩腰側，拳心均向上。目視前方（圖2-28）。

②左腳向左開立一步，腳尖上翹內扣，腳跟著地成左翹腳步；同時兩拳變勾手，向左上方用勾頂擊出，兩臂伸

圖2-27

圖2-28

直，力達勾頂。目視左前
方（圖2-29）。

15. 戳腳步雙幫肘

①重心前移，身體
微左轉再右轉，右腳經左
腿前向左蓋步，右腳尖外
撇；同時左臂外旋，左勾
手變掌，向下、向右掩肘
擺於身前，掌心向上；右

圖2-29

圖2-30

圖2-30附圖

勾手變掌，向右、向下擺於身體右側，掌心斜向下，掌指斜
向上。目視兩掌（圖2-30、圖2-30附圖）。

②身體左轉，左腳向前跨步，隨之右腳拖步向前跟進
成右戳腳步；同時兩掌變拳，兩手腕交叉相疊，左前臂內
旋，隨轉體向前推出幫肘，左拳在外，右拳在內，拳心均斜

螳螂拳

向下，力達左前臂外側。目視
兩拳（圖2-31）。

16. 弓步左推掌

① 左腳用力蹬地，右腳
經左腿內側向前跳步，隨之右
腳落地，左腿屈膝提起；同時
右拳收於右腰側，左拳變掌，
向前、向下、向後掛掌於左胯
旁。目視前方（圖2-32）。

圖 2-31

② 左腳前落成左弓步；同時左掌由左腰側向前推出成
側立掌，掌指向上，力達掌根，高與肩平。目視左掌（圖
2-33）。

17. 戳腳步右秘肘

① 身體左轉，左腳尖外展，右腳跟抬起成交叉步；同
時右拳變掌，下插於左胯旁，掌心向外，掌指向下；左掌向

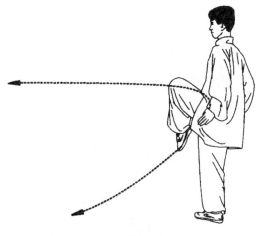

圖 2-32

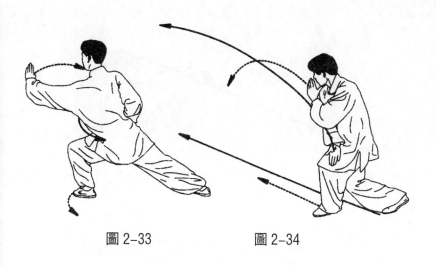

圖 2-33　　　　圖 2-34

上、向後回收於右肩外側，掌心向右，掌指向上。目視右前方（圖 2-34）。

　②身體右轉，左腳蹬地，右腳向右前方跨步，隨之左腳拖步向前跟進成左戳腳步；同時左掌向前、向下按掌收於右肘下方；右掌變勾手，向上經左前臂裡側向前橫勾擊出，高與胸平，勾尖向左，力達勾頂。目視右勾手（圖 2-35）。

　18. 戳腳步下沖拳

　①身體上起微右轉；同時右勾手變拳，收抱於右腰側，拳心向上，左掌順右臂下向前採手握拳，拳眼斜向下，高與鼻平。目視左拳（圖 2-36）。

　②身體左轉，左腳向

圖 2-35

螳螂拳

圖 2-36

圖 2-37　　　　　圖 2-38

前跨步，隨之右腳拖步向前跟進成右戳腳步；同時右拳向上
經右耳旁向前下沖出，拳眼向下，高與腹平；左拳收於右肩
前，拳眼向內。目視右拳（圖 2-37）。

圖 2-39

19. 半馬步左撲掌

①身體微左轉再微右轉，右腳向左腳跟步；同時右拳變掌，向左、向上、向右弧形採手於面前。目視右掌（圖2-38）。

②身體繼續右轉，前上左腳成半馬步，左拳變掌，由胸前向上、向前、向下撲掌，掌心向下，高與胸平；右掌向下、向後收於腹前，掌心向下。目視左掌（圖2-39）。

螳螂拳

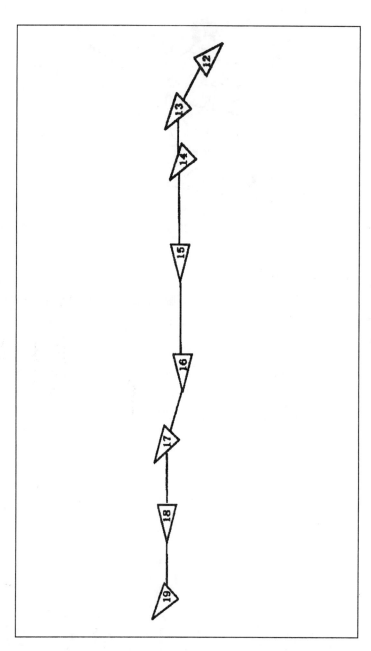

初級螳螂拳第二段動作路線示意圖

第三段

20. 虛步頓肘左沖拳

身體右後轉，重心移於右腿，左腳收於右腳內側，右腳蹬地，左腳隨即後跳成右虛步；同時兩掌變拳，右臂屈肘，用力後頂頓肘，力達肘尖；左拳經左腰部向前沖出，高與口平，拳眼向上。目視左拳（圖2-40）。

21. 戳腳步右沖拳

左腳蹬地，右腳向前跨步，隨之左腳拖步向前跟進成左戳腳步；同時右拳向前沖出，高與胸平，拳眼向上；左拳變掌，扶於右前臂內側，掌心向右。目視右拳（圖2-41）。

22. 提膝右反擊掌

右腳蹬地，左腳向左前跳步，隨即右腿屈膝提起，身體微右轉；同時左掌向上、向前下按收於右肘下；右拳變掌，向下、向後、向上用掌背向前反擊，高與眉平，掌心斜向上。目視右掌（圖2-42）。

圖 2-40

螳螂拳

圖 2-41　　　　　　　　　　圖 2-42

23. 翹腳步左架右推掌

① 右腳向前落地，身體微左轉再微右轉；同時右掌先微內旋再外旋，向左、向後、向右、向下畫弧停於右胸前，掌心向左，掌指向前；左掌外旋，向左、向上畫弧停於面前，掌心向下，掌指向前。目視左拳（圖 2-43）。

② 身體左轉，左腳向左前方上步成左翹腳步；同時左掌內旋變勾手，刁採於頭左前方，勾尖向左下方；右掌向左前方推出，成斜橫掌，高與腰平，掌心斜向上。目視右掌（圖 2-44）。

24. 右上摟勾踢

① 身體微右轉；同時左勾手變

圖 2-43

圖 2-44

圖 2-45

掌向右擺動，掌心向下；右臂內旋，右掌心向下，兩臂胸前
交叉，左臂在上。目視左掌（圖 2-45）。

　　②兩臂微內旋再外旋，左掌向後、向左、向前、向下
繞環畫弧於身前，掌心向右，掌指向前；右掌向右、向上、
向後繞環畫弧於頭右前方，掌心向上，掌指向右前方。目視
右掌（圖 2-46）。

　　③身體微左轉；同時右掌從
左前臂上向左前方伸出，掌心向
下，高與肩平；左掌稍後收於右肘
下，掌心向下。目視右掌（圖 2-
47）。

　　④身體微右轉，重心左移，
左腿屈膝下蹲，右腳跟擦地向前上
步勾踢，右腳尖上勾內扣成右翹腳
步，同時右掌變勾手，向右下方摟
手，勾尖向下，高與肩平；左掌變

圖 2-46

圖 2-47

圖 2-48

勾手，收於右胸前，勾尖斜向下。目視右勾手（圖 2-48）。

25. 左上摟勾踢

① 身體微左轉；同時兩勾手變掌，右掌向左擺動，兩前臂胸前交叉，掌心均向下，右臂在上。目視右掌（圖 2-49）。

② 兩臂微內旋再外旋，右掌向後、向右、向前、向下繞環畫弧於胸前，掌心向左，掌指向前；左掌向左、向上、向後繞環畫弧於頭左前方，掌心向上，掌指向左前方。目視左掌（圖 2-50）。

③ 身體微右轉；同時左掌從右前臂上向右前方伸出，掌心向下，高與肩平，右掌稍後收於左肘下，掌心向下。

圖 2-49

圖 2-50   圖 2-51

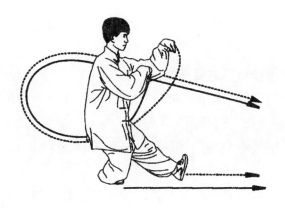

圖 2-52

目視左掌（圖 2-51）。

　　④身體微左轉，重心右移，右腿屈膝下蹲，左腳跟擦地向前上步勾踢，左腳尖上勾內扣成左翹腳步；同時左掌變勾手，向左下方摟手，勾尖向下，高與肩平；右掌變勾手，收於左胸前，勾尖斜向下。目視左勾手（圖 2-52）。

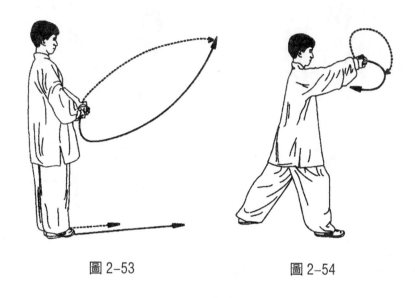

圖 2-53　　　　　　　　圖 2-54

26. 進步雙採右貫拳

① 身體先左轉再右轉，右腳向前上步，左腳與右腳併步，身體立起；同時兩勾手變掌，向下、向左、向上、向右變拳雙採於右腰側，兩拳心向下。目視右前方（圖 2-53）。

② 右腳向前進步，左腳跟步，身體微左轉；同時右拳由右腰側向上、向左前方貫拳，拳眼斜向下，高與頭平；左拳變掌扶於右拳背。目視右拳（圖 2-54）。

27. 進步採手右沖拳

① 身體微右轉；同時右拳變掌，向右、向後畫弧握拳於胸前；左掌向左、向前畫弧握拳於右拳前，兩拳心向下。目視左拳（圖 2-55）。

② 身體微左轉，右腳向前進步，左腳跟步；同時右拳從左手腕上向前沖出，拳心向下，高與胸平；左拳收於右肘

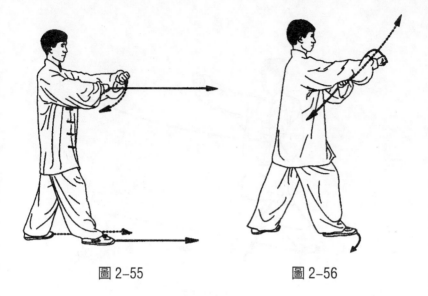

圖 2-55　　　　　　　　圖 2-56

下，拳心向下。目視右拳（圖2-56）。

28.戳腳步左架右捆肘

①身體右轉，右腳尖外展；同時左前臂內旋，沿右前臂下向左上方上架，左肘微屈，拳眼向下；右臂外旋後收於胸前，拳心向上。目視前方（圖2-57）。

②身體左轉，左腳向左前跨步，隨之右腳拖步向前跟進成右戳腳步；同時右前臂向左前方推出，拳心向上，高與胸平。目視右前臂（圖2-58）。

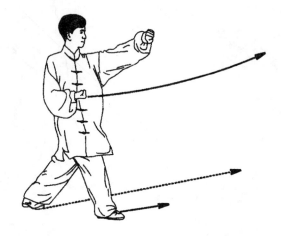

圖 2-57

圖 2-58

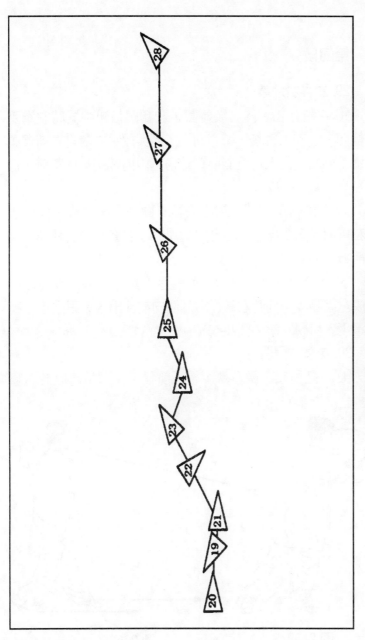

初級螳螂拳第三段動作路線示意圖

第四段

29. 左貫右沖拳

① 身體立起，向右後轉體，左腳跟抬起；同時左拳隨體轉向右、向上貫拳，拳心向下，高與頭平；隨之右前臂順左臂下向右、向上用橈側前臂外格，兩前臂交叉於體前。目視左拳（圖2-59）。

② 上體繼續右轉，重心後移；同時左拳向後、向下收於右肩前，拳眼向後；右臂內旋屈肘，右拳收於右耳側。目視前方（圖2-60）。

③ 身體微左轉，右腳向前跨步，隨之左腳拖步向前跟進成左戳腳步；同時右拳從右耳側向前沖出，拳眼向下，高與肩平。目視右拳（圖2-61）。

30. 抹掌右彈踢

① 身體稍起，微左轉，重心前移，左腳抬起收於右腿

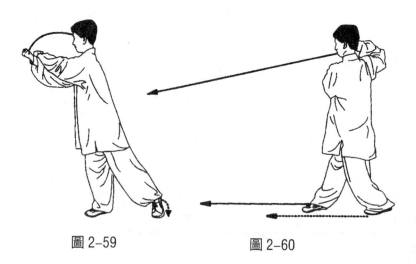

圖2-59　　　　　　　圖2-60

圖 2-61 圖 2-62

內側；同時右臂外旋，右拳變掌，掌心向上、向左、向後抹掌於左肘下方，掌指向左；左拳變掌，掌心向下、向前、向左穿抹於左前方，掌指向右。目視左掌（圖2-62）。

② 左腳前落，腳尖外展；同時右掌繼續向下、向右、再向上、向前、向下繞環擺於襠前，掌指向下，掌心斜向內；左掌向下、向右、向上繞環擺於右肩前，掌心向右，掌指向上。目視右前方（圖2-63）。

③ 重心前移，左腿站立，右腳尖繃直向右前上方彈踢，高與腰平。目視右腳（圖2-64）。

圖 2-63

第二章 螳螂拳競賽規定套路

螳螂拳

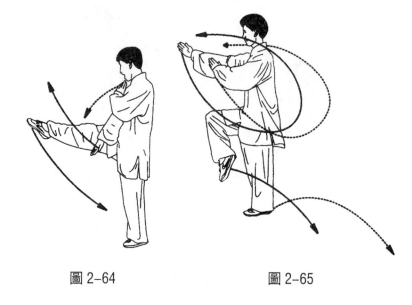

圖 2-64　　　　　　　　　圖 2-65

31. 虛步雙擺掌

① 右腿屈膝，右腳下落回收於左腿前；同時右臂外旋，右掌向右前方撩出，拇指一側向上，高與肩平；左掌下擺於右肘內側，掌心向右。目視右掌（圖2-65）。

② 身體微左轉再右轉，右腳經左腿前向左側落步，左腳在右腳未落地前蹬地稍騰空向左側落地成右虛步；同時兩掌向下、向左、向上、向右繞環擺掌，右臂微屈，右掌心向前，掌指向上；左掌擺於右肘內側，掌心向後，掌指向上。目視右掌（圖2-66）。

32. 墊步左貫拳

① 身體微左轉再微右轉，右腳向左前弧行上步，腳尖外展；同時右拳向左、向右上方畫小弧採手握拳，拳眼斜向下，高與鼻平；左掌變拳收於左腰側，拳心向上。目視右拳（圖2-67）。

圖 2-66　　　　　　　　　　圖 2-67

圖 2-68

　　② 身體右轉，右腳向前墊步，左腳扣於右膝後；同時
左拳由左腰側向右上方貫拳，拳眼向下，高與頭平；右拳變
掌，扶於左拳背。目視左拳（圖 2-68）。

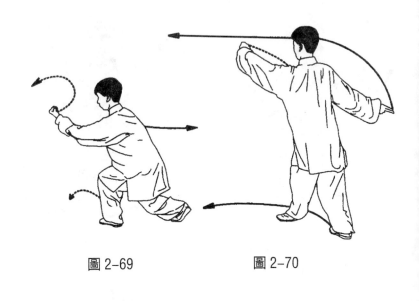

圖 2-69　　　　　　　圖 2-70

33. 戳腳步左崩拳

身體左轉，左腳向前跨步，隨之右腳拖步向前跟進成右戳腳步；同時右掌向前經左臂外下按於左肘下方，掌心向下，掌指向左；左拳向下、向後、向前上崩拳，高與鼻平，拳心斜向上。目視左拳（圖 2-69）。

34. 翹腳步左採右點睛

① 身體右轉再微左轉，左腳向右前弧行上步，腳尖外展；同時左拳變掌，向右、向左上方採手握拳，拳心斜向前下方，右掌變二指掌向下擺於身體右後下方，掌心向前。目視左拳（圖 2-70）。

② 身體左轉，右腳向前上步成右翹腳步；同時右臂屈肘，右二指掌向上經右耳側向前插擊，拇指一側向下，掌指向前，高與眼平；左拳向後收於右肩前，拳眼向後。目視右二指掌（圖 2-71）。

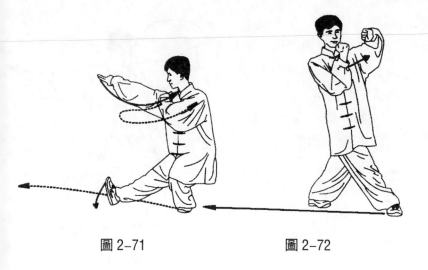

圖 2-71　　　　　　　圖 2-72

35. 蹬踏右撅肘

① 身體左轉，左腳從右腿後向右插步；同時右手握拳，右臂外旋向左平擺；左拳變掌，順右前臂下向前採手握拳於身前，拳眼斜向下。目視左拳（圖2-72）。

② 右腳向右開步蹬踏成橫襠步，上體微左轉；同時右前臂向上、向前方推出撅肘，右拳眼向內。目視右前臂（圖2-73）。

36. 併步按掌

① 身體微右轉，重心右移，右腿前弓成右弓步；同時兩拳變掌，畫

圖 2-73

弧平伸舉於身體兩側，掌心向上，兩掌高與肩平。目視右掌（圖 2-74）。

② 身體起立，左腳向右腳併攏，兩腿成併步站立；同時兩掌向上、向內、向下按於兩胯旁，兩掌心向下，兩掌指向前微內扣。目視左側（圖 2-75）。

收　勢

左腳向前上步，右腳向左腳併攏成併步站立；兩掌下垂於體側，掌心向內。目視前方（圖 2-76）。

圖 2-74

圖 2-75

圖 2-76

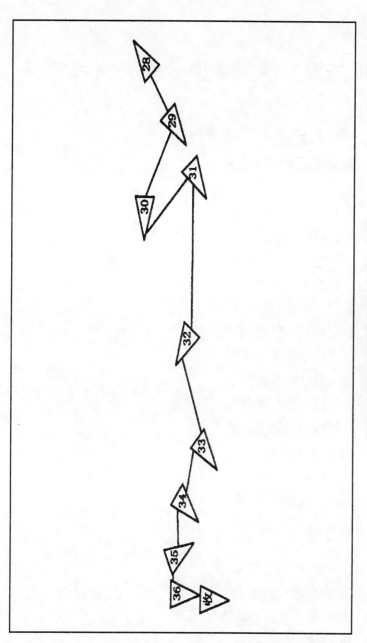

初級螳螂拳第四段動作路線示意圖

第二節　螳螂拳中級競賽規定套路

一、動作名稱

預備勢：併步下插掌

第一段

1. 翹腳步右砍掌
2. 戳腳步左架右捆肘
3. 翹腳步左貫拳
4. 右沖左按右崩拳
5. 左右貫拳右幫肘
6. 挑托戳腳步右沖拳
7. 左採弓步右疊肘
8. 提膝左按右貫拳
9. 戳腳步右架左推掌
10. 採手右膝打
11. 彈踢左右反擊掌
12. 右貫戳腳步左沖拳

第二段

13. 左摟橫襠步下沖拳
14. 戳腳步右崩拳
15. 半馬步左架右推掌
16. 虛步左搓掌沖拳

第二章　螳螂拳競賽規定套路

螳螂拳

39. 左右砸拳彈踢撩掌
40. 虛步雙擺掌
41. 戳腳步雙幫肘
42. 右砸肘左蹬踹
43. 戳腳步左沖拳
44. 左格右沖上戳腳步右崩拳
45. 右採左腆肘
46. 轉身左採右格肘
47. 虛步雙勾手
48. 併步按掌

收　勢

二、動作說明

　　螳螂拳中級競賽規定套路以初級套路為基礎，增加了動作的數量與難度，能體現螳螂拳的技法、風格特點。動作規範，有代表性，運動路線清晰，布局合理，運動強度、運動量較大，能較好地提升練習者的演練意識和技巧，較全面提高練習者身體的技能能力。

　　全套共分四段 48 個動作，其中沖、崩、貫、栽、挑、劈、砸、反擊、橫擊 9 種拳法；推、撩、砍、托、挑、搓、按、塌、雲、擺、採、摟、反擊 13 種掌法；格、秘、捆、掩、疊、幫、架、擱、頂、腆、頓、壓、砸 13 種肘法；刁、摟 2 種勾法；彈、蹬、踹 3 種腿法；膝打 1 種膝法；戳腳步、翹腳步、弓步、半馬步、馬步、虛步、獨立步、叉步、橫襠步、併步 10 種步型；上步、退步、進步、跨步、

蓋跳步、跳步、墊步、跟步、踏步9種步法。完成整套動作的時間為1分10秒左右，脈搏最大強度180次/分左右。

第一段

預備勢：併步下插掌

① 併步站立，兩臂下垂於體兩側。目平視前方（圖2-77）。

② 兩臂外旋，直臂向前上方擺動至前平舉，兩掌心向上，高與肩平，兩臂與肩同寬。目視兩掌（圖2-78）。

③ 兩臂屈肘，兩掌向上、向後收於肩前，兩掌心向後，掌指高與鼻平。目視前方（圖2-79）。

④ 兩臂內旋，兩掌心向內，掌指向下，兩掌沿兩肋向下插掌，兩臂伸直，垂於體兩側。目視前方（圖2-80）。

1. 翹腳步右砍掌

① 左腳尖外展，身體左轉約45°，兩臂屈肘上提，兩掌

圖 2-77

圖 2-78

圖 2-79

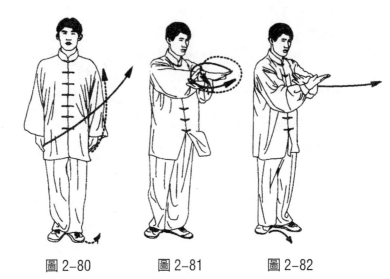

圖 2-80　　　　圖 2-81　　　　圖 2-82

由兩胯旁向前、向上交叉於胸前，右掌在上，兩掌心向下。目視兩掌（圖 2-81）。

②兩手腕相貼，右掌先內旋後外旋，向左、向後、向右、向前畫小弧繞環，掌心向上；左掌先外旋後內旋，向前、向左、向後、向右畫小弧繞環至左掌在上，掌心向下。目視兩掌（圖 2-82）。

③身體左轉，右腳稍抬起，向左腳併步，兩腿屈膝微蹲；同時右掌向前推出，掌心向上，掌指向右前方，高與胸平；左掌扶於右前臂，掌心向下。目視右掌（圖 2-83）。

④身體右轉，右腿屈膝提起；同時右掌變勾手，右勾手向右上方提於頭右前方，勾尖向後；右掌向左平伸推出橫掌，掌心向下。目視左掌（圖 2-84）。

⑤右腳在左腳內側踏地震腳，右腿屈膝下蹲，左腳隨即向左出步成左翹腳步，身體左轉；同時右勾手變掌，向下、向左前平伸砍掌，掌心向上，掌指向右前方；左掌向後回收扶於右前臂內上側，掌心向下。目視右掌（圖 2-

圖 2-83

圖 2-84

圖 2-85

圖 2-86

85）。

2.戳腳步左架右捆肘

①身體左轉，重心前移至左腿，右腳向左腳後跟步，隨之重心再移至右腿，左腳跟抬起；同時兩掌變拳，兩手腕胸前交叉，右臂在上，兩拳心均向下。目視右拳（圖2-86）。

圖2-87

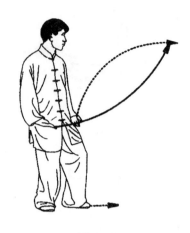

圖2-88

②身體微右轉再左轉，左腳向左前方跨步，右腳拖步向前跟進成右戳腳步；同時右臂內旋再外旋，右拳向後、向右、向左前方畫弧繞環，隨之用右前臂內側向左前方推出捆肘，右拳心向上；左臂外旋再內旋，左拳向前、向左、向後、向上畫弧繞環，用左前臂外側上架於頭左前方，左拳眼向下，高與頭平。目視右前臂（圖2-87）。

3.翹腳步左貫拳

①右腳提起，在左腳內側踏地震腳，兩腿微屈；同時兩拳變掌，兩掌向下、向後以掌背為力點擺於兩胯旁，掌心向上，高與胯平。目視前方（圖2-88）。

②左腳向前上步成左翹腳步；同時左掌變拳，向右上方貫拳，拳眼向下，高與頭平；右掌向上扶於左拳背。目視左拳（圖2-89）。

4.右沖左按右崩拳

①重心前移左腿，左腳全腳掌著地踏實，隨之右腳向

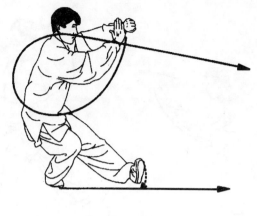

圖 2–89

圖 2–90

前上步成右翹腳步；同時右掌外旋變拳，由右腰側經右耳旁再內旋向前沖出，拳眼向下，高與肩平；左拳變掌，回收於右肩前，掌指向上，掌心向右。目視右掌（圖2-90）。

　　②重心前移，右腳向前跨步，左腳隨之拖步向前跟進成左戳腳步；同時左掌向前經右前臂上下按收於右肘下，掌

圖2-91 圖2-92

心向下；右拳向下、向後、向前上方崩拳，拳心斜向上，高
與鼻平。目視右拳（圖2-91）。

5.左右貫拳右幫肘

①身體稍起，微左轉再右轉；同時右拳收抱於右腰
側，拳心向上；左掌變拳，向後經左腰側向右前上方貫拳，
拳眼向下，高與頭平。目視左拳（圖2-92）。

②身體左轉，重心後移，左腳跟著地，全腳掌踏實，
左腿屈膝下蹲成右虛步；同時右拳由腰側向左前上方貫拳，
拳眼向下，高與頭平；左拳變掌，扶於右拳背。目視右拳
（圖2-93）。

③身體右轉，右腳向右前方跨步，左腳拖步向前跟進
成左戳腳步；同時左掌扶於右腕部，與右前臂一起向右前方
推出幫肘；右拳心向下，左掌心向前，右前臂高與胸平。目
視右前臂（圖2-94）。

圖 2-93

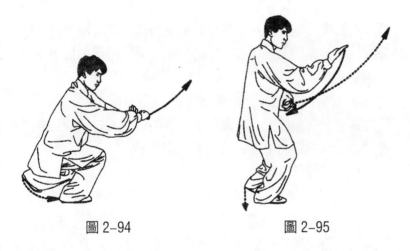

圖 2-94　　　　圖 2-95

第二章　螳螂拳競賽規定套路

螳螂拳

6. 挑托戳腳步右沖拳

①左腳向右腳跟半步，左腳尖點地，右腿屈膝下蹲；同時右臂外旋，右拳變掌前伸上托，高與肩平；左掌按於腹前，掌心向下，高與腰平。目視右掌（圖 2-95）。

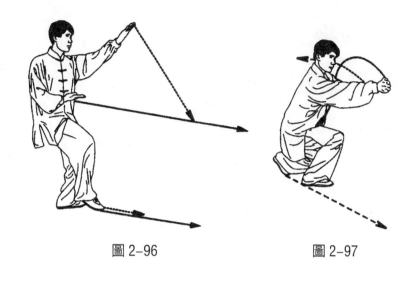

圖 2-96　　　　　　　　　圖 2-97

②重心後移至左腿，左腳跟落地踏實，左腿屈膝下蹲，右腳尖點地；同時右掌向後收於腹前，掌心向上；左掌外旋前伸，向前上方托起，掌心向上，高與頭平。目視左掌（圖2-96）。

③右腳向前跨步，左腳拖步向前跟進成左戳腳步；同時右掌變拳向前沖出，拳眼向上，高與肩平；左掌扶於右前臂內側，掌指斜向上。目視右拳（圖2-97）。

7.左採弓步右疊肘

①身體左轉，右腳尖內扣，左腳經右腿後向右插步，兩腿交叉，左腳跟抬起；同時右臂外旋，右拳隨轉體向左擺於胸前，隨之屈肘收抱於右腰側，拳心向上；左掌伸於右肘下，順右前臂下滑行至右腕部，採手握拳於左前方，拳眼斜向下，高與肩平。目視左拳（圖2-98）。

②身體繼續左轉，右腳向後退步成左弓步；同時右臂屈肘向左疊肘，左拳變掌扶於右肘部。目視右肘（圖2-99、圖2-99附圖）。

圖 2-98　　　　　　　　　圖 2-99

圖 2-99 附圖　　　　　　　圖 2-100

8. 提膝左按右貫拳

①身體立起，向右轉體，右腿屈膝高提，腳尖繃直下垂；同時右拳變掌，由腰側向左、向上、向右下變拳收抱於右腰側，拳心向上，左掌向下、向左、向上、向右、向下按於胸前，掌心向下。目視左掌（圖 2-100）。

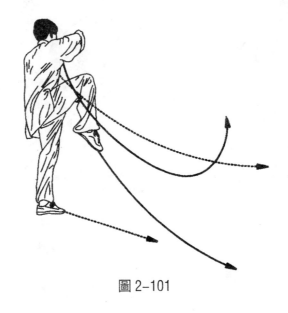

圖 2-101

②右提膝不變，身體左轉；同時右拳向左前上方貫拳，拳眼向下，高與頭平；左掌向下、向左、向上畫弧扶於右拳背。目視右拳（圖 2-101）。

9. 戳腳步右架左推掌

身體右轉，右腳向前跨步，左腳隨之拖步向前跟進成左戳腳步；同時右拳向下、向右上方架於頭右前方，拳心向外，略高於頭；左掌向下、向前立掌推出，小指一側向前，高與肩平。目視左掌（圖 2-102）。

10. 採手右膝打

①兩腳不動，身體左轉再右轉，稍起；同時右拳變掌，向下、向左、向前、向右、向後、向左平圓畫弧採手於胸前，掌心向下；左掌向後、向左、向前、向右平圓畫弧採手於右掌前，掌心向下，高與胸平。目視左掌（圖 2-

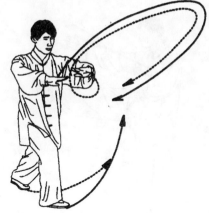

圖 2-102　　　　　　　圖 2-103

103）。

②右腳蹬地，左腳向左前方跳步，身體微左轉再微右轉，右腿屈膝提起，向左前上方頂膝；同時右掌從左前臂上向左前方穿出，向右抹掌變拳，左掌隨之按握於右腕上與右拳一齊向後拉於身體右側，右拳心向下，高與胯平。目視右膝（圖 2-104）。

圖 1-104

11. 彈踢左右反擊掌

①身體右轉，右腳在左腳內側踏地震腳，左腿隨之向前彈踢，腳面繃直，高與腰平；同時左掌從右前臂下向左前

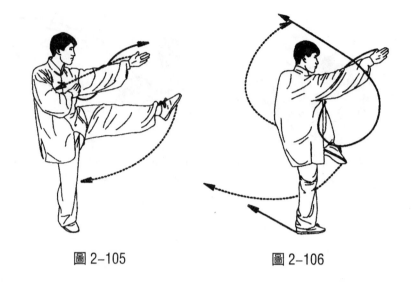

圖2-105 圖2-106

上方反擊掌，力達掌背，拇指一側向上，高與鼻平；右拳變掌，回收於左肩前，掌心向左，掌指向上。目視左掌（圖2-105）。

②左腿屈膝回收高提，腳尖繃直向下；同時右掌從左臂下向右前上方反擊掌，拇指一側向上，高與鼻平；左掌回收於右肩前，掌心向右，掌指向上。目視右掌（圖2-106）。

12.右貫戳腳步左沖拳

①身體左轉，左腳向左方跨步，右腳隨之跟進成右虛步；同時右掌變拳，向下、向後、向左前上方貫拳，拳眼向下，高與頭平；左掌向左、向下、向右上方扶於右掌背。目視右拳（圖2-107）。

②身體右轉，右腳向前跨步，隨之左腳拖步向前跟進成左戳腳步；同時右拳外旋，向下收於胸前，再隨轉體內旋，向前、向上橫架於頭右前上方，拳眼向下，略高於頭；

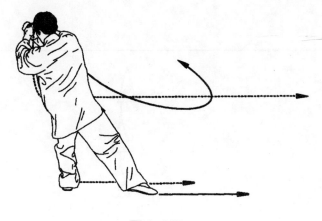

圖 2-107

圖 2-108

左掌變拳,由左腰側向前沖出,拳心向下,高與肩平。目視
左拳(圖 2-108)。

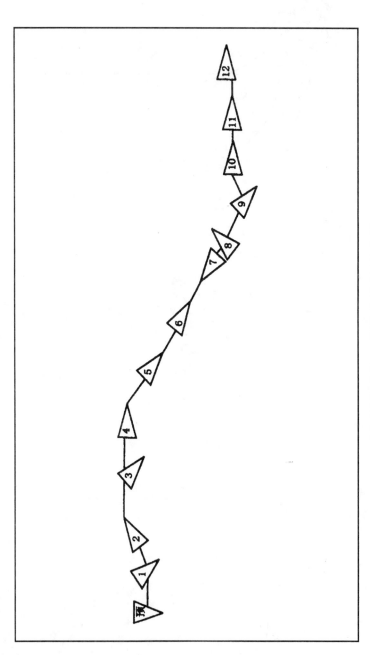

中級螳螂拳第一段動作路線示意圖

圖 2-109

第二段

13. 左摟橫襠步下沖拳

① 身體左後轉變左弓步；同時右拳收抱於右腰側，左臂內旋；左拳變掌，隨轉體向左摟手於身前握拳，拳眼向下，高與肩平。目視左拳（圖 2-109）。

② 左腳蹬地向前墊步，右腿屈膝提起，右腳尖繃直自然下垂；同時右拳向前沖出，拳眼向上，高與肩平；左拳收於右肩前，拳眼向上。目視右拳（圖 2-110）。

③ 身體左轉，右腳在右側落地成右橫襠步；同時右拳回收於右腰側，向下沖出於襠前，拳心向後。目視右拳（圖 2-111）。

圖 2-110

螳螂拳

圖 2-111

14. 戳腳步右拳

身體右轉，右腳向前
跨步，左腳向前拖步跟進
成左戳腳步；同時左拳變
掌，向前、向下按掌於右
肘下，掌心向下，右拳屈
肘上提，經胸前向前上方
崩拳，拳心斜向上，高與
鼻平。目視右拳（圖 2-112）。

圖 2-112

15. 半馬步左架右推掌

① 身體微右轉，左腳向右腳跟步，隨之重心移於左
腿，左腿屈膝微蹲，右腳跟抬起；同時右拳屈肘收抱於右腰
側，拳心向上，左掌橫掌順右前臂下前移，掌心向下，高與
胸平。目視左掌（圖 2-113）。

② 右腳向前進步，身體左轉，隨之左腳跟進半步成右

圖 2-113   圖 2-114

半馬步；同時左掌上架於頭左前上方成橫掌，掌心向前，稍
高過頭；右拳變掌，由腰側向前推出，掌心向前，掌指向
下，高與腰平。目視右掌（圖 2-114）。

16. 虛步左搓掌沖拳

　　身體右轉，右腳向後退步，左腳稍後移成左虛步；同時
左掌向下推按，右
掌向上托起，在身
前兩掌相擦搓掌，
隨之左掌變拳向前
沖出，拳心向下，
高與肩平，右掌變
拳，收抱於右腰
側，拳心向上。目
視左拳（圖 2-
115）。

圖 2-115

第二章　螳螂拳競賽規定套路

螳螂拳

圖 2–116　　　　　　　圖 2–117

17. 戳腳步右沖拳

左腳踏實，身體左轉，右腳向前跨步，隨之左腳向前拖步跟進成左戳腳步；同時右拳由腰側向前沖出，拳眼向下，高與鼻平；左拳收於右肩前，拳眼向後。目視右拳（圖2–116）。

18. 左採橫擊右蹬腿

①身體稍起；同時左拳變掌，順右前臂下向前、向左採手握拳，左臂微屈，拳眼斜向下；右拳隨之收於右腰側，拳心向上。目視左拳（圖2–117）。

②身體左轉；同時左拳屈肘收抱於左腰側，拳心向下，右拳由腰側向右、向前、向左橫擊於腹前，拳心向上；隨之重心移於左腿站立，右腿屈膝提起，向右蹬腿，腳尖上勾，高與腰平。目視右腳（圖2–118）。

19. 提膝右崩拳

右腳在右側落地，左腿屈膝提起，腳尖繃直自然下垂，膝高過腰部；同時左拳變掌，向右前經右前臂上下按收於右

圖 2-118　　　　　　　　　圖 2-119

肘下，掌心向下；右拳先內旋，向後回收於胸前，再外旋向右前上方崩拳，拳心斜向上，高與鼻平。目視右拳（圖 2-119）。

20.栽拳頓肘右貫拳

①左腳經右腿後向右插步，腳跟抬起，身體左轉；同時右臂屈肘，右拳經胸前向下栽拳於右膝旁，拳心向後；左掌收於右肩前，掌指向上。目視右拳（圖 2-120）。

②以右腳跟、左腳掌為軸向左後轉體，重心隨之移於右腿，左腳跟離地抬起；同時左掌變拳，兩拳收抱於兩腰間，兩臂屈肘後頂頓肘。目視前方（圖 2-121）。

圖 2-120

螳螂拳

圖 2-121

圖 2-122

③左腳向前跨步，右腳向前拖步跟進成右戳腳步；同時右拳由右腰側向左前上方貫拳，拳眼向下，高與頭平；左拳變掌，扶於右拳背。目視右拳（圖 2-122）。

21. 虛步雙壓肘

重心後移，右腿屈膝半蹲，左腳後移成左虛步；同時左掌變拳，兩臂外旋向後、向下沉臂壓肘，兩臂微屈，左拳在前，右拳在後於左前臂內側，拳心均向上。目視兩拳（圖 2-123）。

圖 2-123

22. 戳腳步右塌掌

①身體稍起右轉；同時兩拳變掌，兩掌交叉於腹前，左掌在外，兩掌心斜向後下方。目視左掌（圖 2-124、圖 2-124 附圖）。

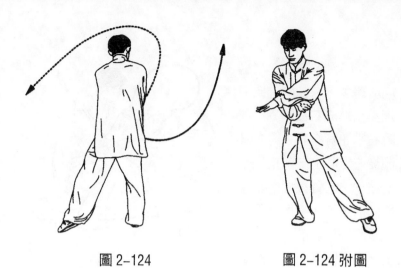

圖 2-124　　　　　　　　　圖 2-124 附圖

　　②左掌向上、向左擺於身體左側，左臂微屈，掌心向
上，高與肩平；同時右掌外旋，向下、向右、向上擺於身體
右側，右臂微屈，掌心向上，高與肩平。目視左掌（圖 2-
125）。

圖 2-125

螳螂拳

③身體左轉，左腳向前跨步，右腳隨之向前拖步跟進成右戳腳步；同時右掌屈臂卷收，經右耳側從左掌心上向前推出坐腕塌掌，右臂微屈，掌心斜向前下方，高與胸平；左掌回收於身前，掌心向上，高與腰平。目視右掌（圖2-126）。

圖2-126

23.採手戳腳步右秘肘

①身體微右轉，右腳向前上步，腳尖外展；同時右掌向右、向後、向左畫弧採手於腹前，掌心向下；左臂內旋，左掌向左、向前、向右畫弧採手於身前，掌心向下，高與胸平。目視左掌（圖2-127）。

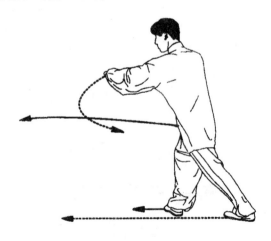

圖2-127

圖 2-128　　　　　　　　圖 2-129

②左腳向前跨步，右腳向前
拖步跟進成右戳腳步；同時右掌變
勾手，向前平勾擊出，勾尖向後，
高與肩平；左掌下按收於右肘下。
目視右勾手（圖 2-128）。

24.墊步彈踢秘肘右沖拳

①左腳向前墊步，隨之右腳
尖繃直向前上方彈踢，高與腰平；
同時左掌變勾手，順右前臂下向前
平勾手擊出，勾尖向後，高與肩
平，右勾手收於右腰側。目視前方
（圖 2-129）。

圖 2-130

②右腿微屈膝回收；同時左勾手屈肘收於左腰側；右
勾手由右腰側向前平勾手擊出，勾尖向後，高與肩平。目視
右勾手（圖 2-130）。

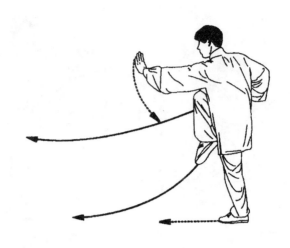

圖 2-131

圖 2-132

　　③ 右腿繼續屈膝回收；同時右勾手變拳，收於右腰側，拳心向上；左勾手變掌，向前側立掌推出，掌指向上，小指一側向前，高與肩平。目視左掌（圖 2-131）。

　　④ 右腳向前跨步，身體微左轉，隨之左腳向前拖步跟進成左戳腳步；同時右拳由右腰側向前沖出，拳眼向上，高與肩平；左掌隨之收於右前臂內側，掌指斜向上，掌心向右。目視右拳（圖 2-132）。

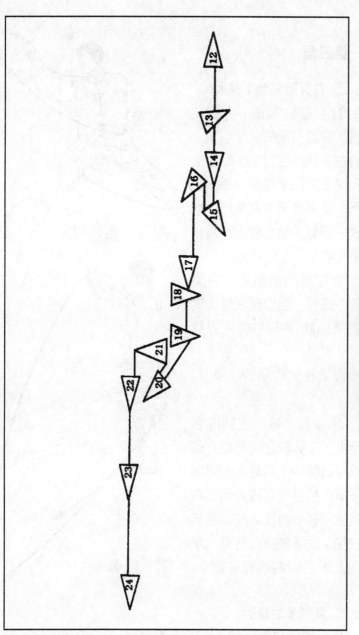

中級螳螂拳第二段動作路線示意圖

第三段

25. 右貫戳腳步下格肘

①右腳尖內扣，左腳尖外展，身體左後轉成左弓步；同時左掌伸於右肘下，順右前臂向左上方採手握拳，拳眼斜向下，高與鼻平；右拳屈肘收抱於右腰側，拳心向上。目視左拳（圖2-133）。

圖2-133

②左腳向前墊步，右腳扣於左膝窩，身體微左轉；同時右拳由腰側向左前上方貫拳，拳眼斜向下，高與頭平；左拳變掌扶於右拳背（圖2-134）。

③身體右轉，右腳向右前跨步，左腳隨之向前拖步跟進成左戳腳步；同時右前臂向右下揮擺格肘至右膝外側，右臂微屈，拳心向後，右拳略低於右膝；左掌扶於右前臂，掌指向上。目視右前臂（圖2-135）。

圖2-134

26. 戳腳步右秘肘

①身體稍起微左轉；同時右拳變掌，兩臂胸前交叉，

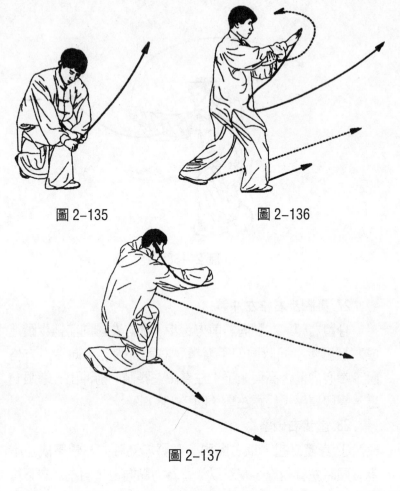

圖 2-135

圖 2-136

圖 2-137

右掌在上，兩掌心均向下。目視兩掌（圖2-136）。

　　②身體微右轉再左轉，左腳向左前跨步，隨之右腳拖步向前跟進成右戳腳步；同時左掌順右前臂下變勾手，刁採於頭左前方，勾尖斜向外下方，高與頭平；右掌外旋變勾手收於右腰側，隨即向左前方擊出秘肘，勾尖斜向內下方，勾頂高與肩平。目視右勾手（圖2-137）。

圖 2-138

27.戳腳步右格左沖拳

身體右轉，右腳向右前方跨步，隨之左腳向前拖步跟進成左戳腳步；同時兩勾手變拳，右前臂內旋，向右上方格肘，拳心向前，高與頭平；左拳由左腰側向前沖出，拳眼向上，高與肩平。目視左拳（圖 2-138）。

28.虛步右砸拳

① 身體立起，以右腳跟、左腳掌為軸向左轉體成左虛步；同時左臂內旋，左拳以拳背為力點向上、向左、向下掄臂下砸，拳心向上，高與肩平；右臂外旋，伸直於身體右側，拳心向上，高與頭平。目視左拳（圖 2-139）。

② 身體左轉，左腳向後退步，左腿屈膝半蹲，右腳跟抬起外展，腳尖點地成右虛步；同時左拳向下、向後上方掄擺於身體左後上方，拳心斜向上，高與頭平；右拳隨轉體向上、向前、向下砸於身前，右臂微屈，拳心向上，高與腹平。目視右拳（圖 2-140）。

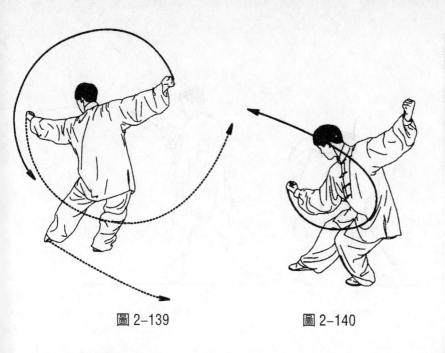

圖 2-139　　　　　　圖 2-140

29.半馬步左砸肘

　　① 右臂內旋，向左、向下掛拳，隨之身體起立，重心右移，右腳踏實；右拳向右上方反擊拳，拳心斜向後上方，高與鼻平。目視右拳（圖 3-141）。

　　② 身體右轉，右腳向後退步，左腳尖內扣，兩腿屈膝半蹲成左半馬步；同時右拳屈肘收抱於右腰側，拳心向上；左臂屈肘橫砸於腹前，左拳心向上，高與胯平。目視左前臂（圖

圖 2-141

螳螂拳

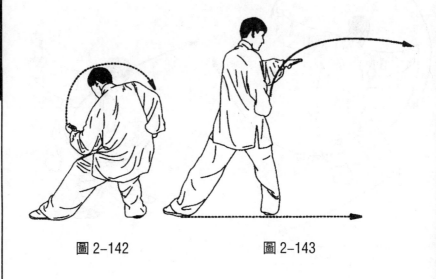

圖 2-142　　　　　　圖 2-143

2-142）。

30. 叉步左按右反擊掌

① 身體起立，向右轉體；同時左拳變掌，向上、向右、向下按掌於右肩前，掌心向下，高與胸平。目視左掌（圖 2-143）。

② 左腳經右腿後向右插步，左腳跟抬起；同時右拳變掌，向上經左前臂上向右反擊掌於體右側，拇指一側向上，高與肩平；左掌收於右腋下，掌心向下。目視右掌（圖 2-144）。

31. 橫襠步左刁右撅肘

① 身體左轉；同時右臂外旋，右掌變拳，向左擺動，隨之屈肘收抱於右腰側，拳心向上，左掌順右臂下向前、向上、向左刁採變勾手至左肩前，左臂屈肘，勾尖斜向外下方，高與肩平。目視左勾手（圖 2-145）。

② 身體微右轉再微左轉，右腳向右側開步成右橫襠

圖 2-144　　　　　　　　圖 2-145

圖 2-146

步;同時右拳向上、向左前方移動,用右前臂向左前方用力推搓撅肘,右拳眼向後,高與鼻平。目視右拳(圖2-146)。

32. 左貫戳腳步左反擊拳

① 以右腳跟左腳掌為軸,向右轉體成右弓步;同時右

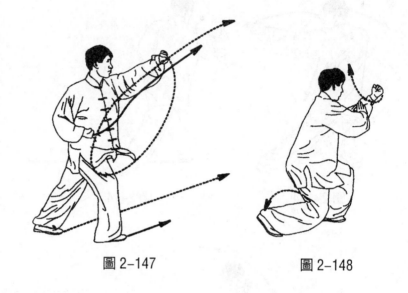

圖 2-147　　　　　　　　圖 2-148

拳收抱於右腰側，拳心向上，左勾手變拳，由肩前向右上方貫拳於頭左前方，拳眼向下，高與頭平。目視左拳（圖2-147）。

②身體微右轉再左轉，左腳向左前方跨步，右腳隨之向前跟進成右戳腳步；同時左拳向下、向右經右胯前向左前上方反擊，右拳變掌隨之扶於左肘內側，掌指斜向上，掌心向前下方，左拳高與鼻平。目視左拳（圖2-148）。

33.震腳戳腳步雙塌掌

①重心後移，身體微右轉，左腳在右腳內側踏地震腳，重心移於左腿，右腳跟抬起；同時左拳變掌，回收於胸前，右掌外旋，順左前臂外向左上方穿出，隨之兩掌向左右外開，兩掌心斜向後上方，兩掌約與肩寬，高與肩平。目視前方（圖2-149）。

②右腳向前跨步，隨之左腳向前拖步跟進成左戳腳

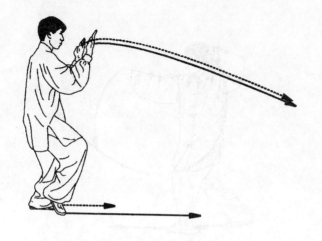

圖 2-149

圖 2-150　　　　　　圖 2-151

步；同時兩掌內旋，向前下方坐腕塌掌，掌心向前下方，高
與肩平。目視兩掌（圖2-150）。

34. 左探戳腳步右挑拳

① 身體稍起立；同時左掌收於右肘下，拳心向下。目
視右掌（圖2-151）。

圖 2-152

② 身體右轉；同時左掌
順右前臂下向前採手握拳，拳
心向下，高與肩平；右掌變
拳，向上、向後掄擺於頭右後
上方，拳心向右。目視左拳
（圖 2-152）。

③ 右腳向前進步，身體
左轉，左腳向前拖步跟進成左
戳腳步；同時右拳向下、向前
上方挑拳，拳心向後，高與口
平；左拳變掌，扶於右前臂內
側，掌指向上。目視右拳（圖
2-153）。

圖 2-153

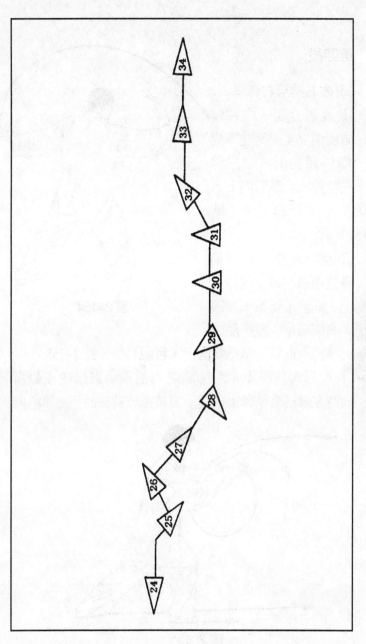

中級螳螂拳第三段路線示意圖

第四段

35. 左右掄劈右崩拳

① 身體立起，向左轉體，兩腿開立；同時左掌變拳，隨轉體向上、向左劈拳，左臂伸直，拳眼向上，高與肩平。目視左拳（圖2-154）。

② 重心左移，左腿稍屈，身體繼續左轉；同時右拳向上、向前下劈拳，拳眼向上，高與肩平；左拳隨之

圖 2-154

變掌，扶於右前臂，掌指斜向上。目視右拳（圖2-155）。

③ 右腳向前跨步，左腳隨之向前拖步跟進成左戳腳步；同時左掌經右前臂上向前下方按掌收於右肘下，掌心向

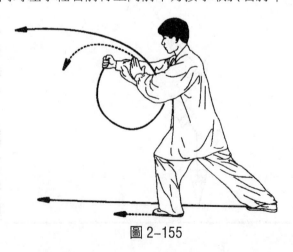

圖 2-155

圖 2-156

圖 2-157

圖 2-158

下；右拳向下、向後經左前臂內側向前上方崩拳，拳心斜向上，高與鼻平。目視右拳（圖2-156）。

36.馬步雙頂肘

① 身體左轉稍起；同時右拳變掌，右臂屈肘向左掩肘至左肩前，右掌心向上，高與肩平；左掌內旋，向左撥掌於腹前左側，掌心斜向外下方。目視右掌（圖2-157）。

② 身體右轉，右腳尖外展；同時右掌內旋，向後、向下、向右撥掌於腹前右側，掌心斜向外下方；左掌外旋，向上、向前、向右掩肘於右肩前，左掌心向上，高與肩平。目視左掌（圖2-158）。

圖 2-159

圖 2-159 附圖

圖 2-160

圖 2-161

③身體右轉，左腳向左邁步，兩腳開立；同時左前臂在右前臂上交疊，掌心均向下。目視左掌（圖 2-159、圖 2-159 附圖）。

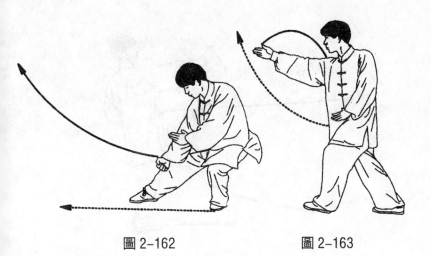

圖 2-162　　　　　　　　圖 2-163

④ 兩腿下蹲成馬步；同時兩掌變拳，兩肘向兩側頂出，兩肘高與肩平。目視左側（圖 2-160）。

37. 左右掄劈挑掌右沖拳

① 身體起立微右轉再左轉；同時左拳向右下方伸於腹前，隨之向上、向左、向下掄劈於身體左側，拳眼向上，高與肩平；右拳向右下方伸於右胯旁，拳心向後。目視左側（圖 2-161）。

② 身體左轉，右腳向前上步成右虛步；同時右拳向上、向前、向下掄劈於身前，拳眼斜向前，高與膝平；左拳向下擺動變掌，回收扶於右前臂內側，掌指向前，掌心向右。目視右拳（圖 2-162）。

③ 右腳跟著地踏實，左腳向前上步；同時右拳變掌，向前上方挑掌，拇指一側向上，高與肩平。目視右掌（圖 2-163）。

④ 上體微後仰，右腿屈膝提起，右掌屈臂向上、向

圖 2-164

後、向下收抱於右腰側變拳，拳心向左；左掌由腹前向前、向上微屈臂挑掌，掌心向右，掌指斜向上，高與鼻平。目視左掌（圖 2-164）。

圖 2-165

⑤ 右腳向前跨步，左腳隨之向前拖步跟進成左戳腳步；同時右拳向前沖出，拳眼向上，高與肩平；左掌扶於右前臂內側，掌心向右，掌指斜向前上方。目視右拳（圖 2-165）。

38.右崩戳腳步左架右沖拳

① 身體上起；同時左掌經右前臂上向前、向下按掌收於右肘下，掌心向下；右拳向下、向後、向前上方崩拳，拳

圖1-166　　　　　　　　圖1-167

心斜向上，高與鼻平。目視右拳（圖2-166）。

　②身體微右轉再左轉，左腳向前跨步，右腳隨之向前拖步跟進成右戳腳步；同時左掌變拳，屈肘橫架於左前上方，拳心向前，稍高過頭；右拳經右腰側向前沖出，拳眼向上，高與肩平。目視右拳（圖2-167）。

39.左右砸拳彈踢撩掌

　①身體微右轉，重心後移，右腳跟落地成左半馬步；同時左拳向後下方砸拳於腹前，拳心向上；右拳屈肘收抱於右腰側。目視左拳（圖2-168）。

圖2-168

圖2-169　　　　　　　　圖2-170

②身體左轉，左腳向後退步成右虛步；同時左拳屈肘收於左側，右拳向下、向後、向上、向左下砸於腹前，拳心向上。目視右拳（圖2-169）。

③身體立起，左腿站立，右腳尖繃直向右前上方彈踢，高與腰平；同時兩拳變掌，向右前方撩掌，兩拇指一側向上，右臂伸直，高與肩平；左臂屈肘，左掌撩於右肘內側。目視右掌（圖2-170）。

40.虛步雙擺掌

①右腿屈膝，右腳下落於左腿前；兩掌姿勢不變。目視右掌（圖2-171）。

②身體微左轉再右轉，右腳經左腿前向左側落步，左腳在右腳未落地前蹬地稍騰空向左側落地成右虛步；同時兩掌向下、向左、向上、向右繞環擺掌，右臂微屈，右掌心向前，掌指向上。目視右掌（圖2-172）。

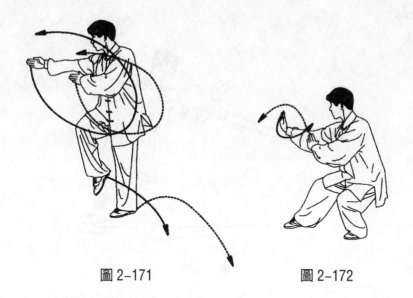

圖 2-171　　　　　　　　圖 2-172

41. 戳腳步雙幫肘

　　①身體左轉；同時隨轉體右掌外旋，向左、向後裹掌弧形擺動收於左肘下，掌心向上；左掌內旋，從右前臂上向右、向前、向左穿抹至胸前，掌心向下。目視左掌（圖2-173）。

　　②身體右轉再左轉，重心前移右腿，左腳向前上步，腳尖外展；同時右掌內旋再外旋，向下、向右、向前上畫弧變拳再向左掩肘，拳心向上，高與肩平；左掌向左採将變拳於胸前，拳心向

圖 2-173

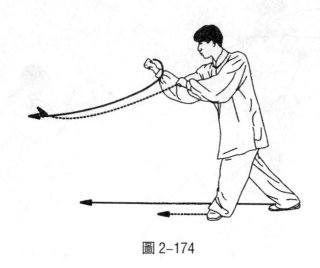

圖 2-174

下。目視右拳（圖 2-174）。

③身體右轉，右腳向前跨步，左腳隨之向前拖步跟進成左戳腳步；同時右臂內旋，左拳扶於右腕部內側助力，與右前臂向前猛力推出幫肘，兩拳眼向後，高與胸平。目視兩拳（圖 2-175）。

42.右砸肘左蹬踹

身體微左轉稍起，左腳向前上方蹬踹，腳尖外展，高與膝平；同時左拳向下、向後擺於身體左後方，拳心向下，高與胯平；右前臂外旋，屈肘向後、向下砸肘，右拳心向上，高與腹平。目視右前臂（圖 2-176）。

43.戳腳步左沖拳

①左腳向後退步成右虛步，身體左轉再右轉；同時左拳屈肘收抱於左腰側，拳心向上；右臂先內旋再外旋，右拳向下、向左、向上、向右反擊拳於身體右側，拳心斜向左上方，高與鼻平。目視右拳（圖 2-177）。

圖 2-175　　　　　　　　圖 2-176

圖 2-177

②身體繼續右轉，右腳向前跨步，隨之左腳向前拖步跟進成左戳腳步；同時右拳屈肘收抱於右腰側，拳心向上；左拳向前上方沖出，拳眼向下，高與鼻平。目視左拳（圖2-178）。

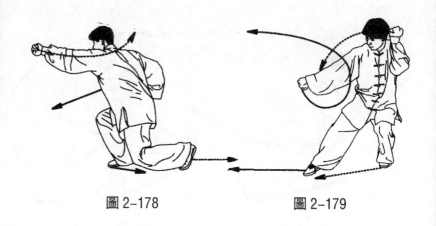

圖 2-178　　　　　　圖 2-179

44. 左格右沖戳腳步右崩拳

① 右腳蹬地，左腳向後跨步，身體左轉，隨之右腳後撤成右虛步；同時左臂外旋，屈肘向後、向左格肘，左拳心向後，高與頭平；右拳由右腰側向右前方沖出，拳眼向下，高與腹平。目視右拳（圖 2-179）。

② 身體右轉，右腳向前跨步，隨之左腳向前拖步跟進成左戳腳步；同時左拳變掌，向前、向下經右前臂上向下按掌收於右肘下，掌心向下，右拳向下、向後、向上經左前臂內側向前上方崩拳，拳心斜向上，高與鼻平。目視右拳（圖 2-180）。

45. 右採左腓肘

① 右腳稍向前移步，腳尖外展，身體右轉；同時左掌變拳收於腹前，拳心向下；右拳變掌，右臂內旋，右掌隨之向右下採手變拳，右臂微屈，拳心向下，高與肩平。目視右拳（圖 2-181）。

② 身體微右轉，左腳稍向前跟進，腳跟抬起；同時右拳收於右腰側，拳心向下，左臂屈肘，向左前上方腓肘，拳

圖2-180　　　　　　　　　圖2-181

圖2-182　　　　　　　　　圖2-183

心向上，肘尖向左前方。目視左肘尖（圖2-182）。

46.轉身左採右格肘

①右腳尖內扣，左腳尖外展，身體左後轉體180°；同時左拳變掌，隨轉體向左採手握拳於身前，拳眼斜向下，高與肩平。目視左拳（圖2-183）。

②左腳向後退步成右虛步；同時右前臂向右、向上、

圖 2-184

圖 2-185

圖 2-186

向左格肘，右拳心向後，高
與鼻平；左拳變掌，扶於右
前臂內側，掌指向上。目視
右前臂（圖 2-184）。

47.虛步雙勾手

　①右拳變掌，兩臂於
身前交叉，右臂在上，兩掌
心均向下，高與胸平。目視
右掌（圖 2-185）。

　②右腳向後退步成左
弓步；同時右掌向上、向右、向下、向後畫弧繞環於左肘
下，右臂屈肘，掌心向下；左掌向下、向左、向上畫弧繞環
前伸於胸前，掌心向下。目視左掌（圖 2-186）。

　③身體右轉，重心後移，右腿屈膝半蹲，左腳後移半
步，腳尖點地成左虛步；同時兩掌變勾手，隨重心後移向

圖 2-187

圖 2-188

下、向後摟手，兩臂屈肘，兩勾尖向下，右勾手收於左肘內側，左勾手勾頂高與肩平。目視左勾手（圖 2-187）。

48. 併步按掌

① 身體右轉，左腳跟外展，左腿蹬直，右腿屈膝；同時兩勾手變掌，兩掌直臂平伸於身體兩側，掌心均向上，高與肩平。目視右掌（圖 2-188）。

圖 2-189

圖 2-190

②身體起立，左腳向右腳併步；同時兩掌向裡，經胸前下按於身體兩側，兩臂微屈，兩掌心向下，高與胯平。目視左側（圖 2-189）。

收　勢

左腳向前上步，隨之右腳向左腳併步站立；同時兩臂自然下垂於身體兩側。目視前方（圖 2-190）。

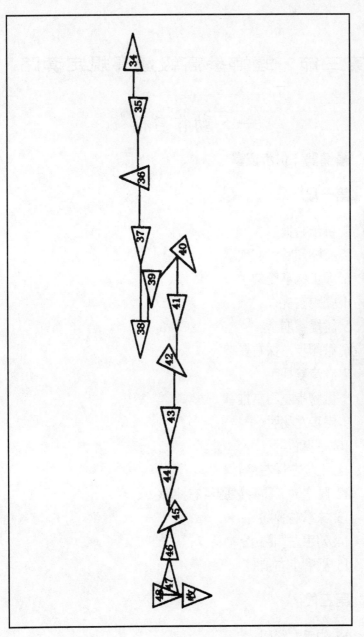

中級螳螂拳第四段動作路線示意圖

第三節　螳螂拳高級競賽規定套路

一、動作名稱

預備勢：併步按掌

第一段

1. 併步右推掌
2. 震腳翹腳步右砍掌
3. 虛步抹掌雙勾手
4. 彈踢右挑拳
5. 跳提膝崩拳
6. 戳腳步左採右貫拳
7. 歇步雙採手
8. 戳腳步左刁右推掌
9. 虛步左秘肘
10. 弓步右劈拳
11. 上步左採右格肘
12. 騰空沖拳轉身戳腳步右沖拳
13. 抹掌右彈踢
14. 勾手左側踹
15. 戳腳步右頂肘

第二段

16. 勾手右蹬腿

17. 半馬步撅臂

18. 擺踢右上劈拳

19. 戳腳步右秘肘

20. 戳腳步採手右沖拳

21. 翹腳步左搬肘

22. 翹腳步右搬肘

23. 上步右腆肘

24. 上步左疊肘

25. 雙採右膝打

26. 左上摟勾踢

27. 戳腳步右秘肘

第三段

28. 震腳翹腳步左挑拳

29. 九打連環劈

30. 彈踢上崩拳

31. 叉步右橫擊拳

32. 戳腳步左架右捆肘

33. 跳步右採左拿右沖拳

34. 跳換步左右爬掌

35. 跳步右蹬踹

36. 落步右疊肘

37. 左右貫拳右頂肘

38. 戳腳步連沖拳

39. 跳轉身右橫擊肘

螳螂拳

第四段

收　勢

二、動作說明

螳螂拳高級競賽規定套路集梅花、七星、六合等各派螳螂拳的精華動作和風格特點創編而成。其內容豐富，風格突出，技法多變；技術難度、練習強度和運動量較大，布局合理，符合當前比賽要求，適合有武術基礎和專業隊隊員練習。全套分四段共 60 個動作，練習時間 1 分 25 秒左右，脈搏最大強度 210 次／分左右。

步型有戳腳步、翹腳步、弓步、虛步、歇步、獨立步、翹仆步、半馬步、叉步、併步 10 種；步法有上步、退步、進步、撤步、跨步、踏步、跳步、插步、蓋跳步、跳換步10 種；拳法有沖拳、劈拳、崩拳、貫拳、挑拳、橫擊拳、栽拳 7 種；掌法有掛掌、劈掌、撲掌、按掌、採掌、抹掌、雲掌、擺掌、爬掌、砍掌、塌掌 11 種；勾法有勾摟、刁採、勾擊 3 種；肘法有頂肘、捆肘、格肘、腆肘、栽肘、掩肘、頓肘、橫擊肘、幫肘、疊肘、砸肘、搬肘、秘肘、撅肘、架肘 15 種；腿法有彈踢、側踹、擺踢、後蹬、前蹬踹、側鏟、勾踢 7 種；膝法有側頂膝和上頂膝 2 種。

預備勢：併步按掌

① 併步站立，兩臂下垂於體兩側。目視前方（圖 2-191）。

② 身體微右轉再微左轉；同時兩臂伸直，兩掌由下向上側平舉，兩掌心向前。目視前方（圖 2-192）。

③ 身體微右轉轉正；同時兩臂屈肘，兩掌向上、向裡下按於兩胯旁，掌心均向下，兩掌指內扣斜向前方。目視左

側（圖2-193）。

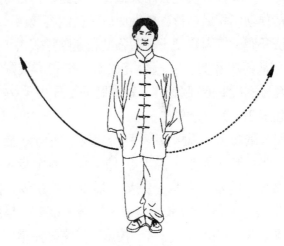

圖2-191

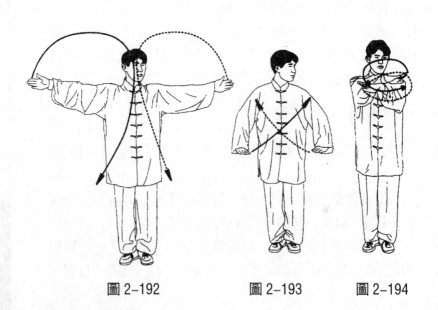

圖2-192　　　　圖2-193　　　　圖2-194

第一段

1. 併步右推掌

① 兩臂屈肘，兩掌由胯旁向前、向上交叉於胸前，右掌在上，掌心均向下。目視兩掌（圖2-194）。

② 身體微左轉；同時兩手腕相貼，右掌先內旋後外旋，向左、向後、向右、向前畫弧繞環，掌心向上；左掌先外旋後內旋，向前、向左、向後、向右畫小弧繞環至左掌在上，掌心向下。目視兩掌（圖2-195）。

③ 身體右轉，兩腿屈膝半蹲；同時兩掌向下收於右腰側。目視左前方（圖2-196）。

④ 身體左轉；同時右掌向左前方推出，掌心向上，掌指向右前方，高與胸平；左掌扶於右前臂，掌心向下。目視右掌（圖2-197）。

螳螂拳

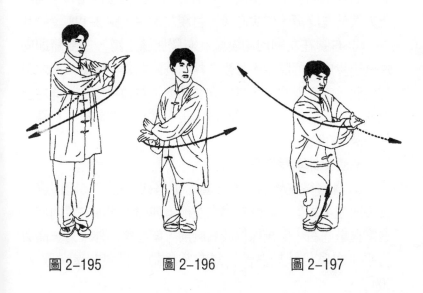

圖2-195　　　　圖2-196　　　　圖2-197

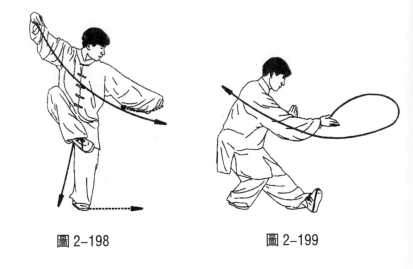

圖 2-198　　　　　　　　圖 2-199

2.震腳翹腳步右砍掌

① 身體微左轉再右轉，右腳屈膝提起；同時兩掌變勾手，右勾手向右上方提於頭右前方，勾尖向左；左勾手向左下方摟於左胯旁，勾尖向後。目視左勾手（圖 2-198）。

② 右腳在左腳內側震腳，右腿屈膝下蹲，左腳隨即向左側出步成左翹腳步，身體左轉；同時右勾手變掌，向左下方斜砍，掌心斜向上，掌指向右前方；左勾手變掌，向右上方扶於右前臂內上側，掌心斜向下，掌指向右前方。目視右掌（圖 2-199）。

3.虛步抹掌雙勾手

① 身體微左轉再右轉，重心前移成左弓步，隨即重心後移成左半馬步；同時右掌向左前方伸出，隨即右臂內旋，右掌握拳向右、向後採拉於右胸前，拳心斜向外下方，高與肩平；左掌仍扶於右前臂隨右掌移動。目視右拳（圖 2-200）。

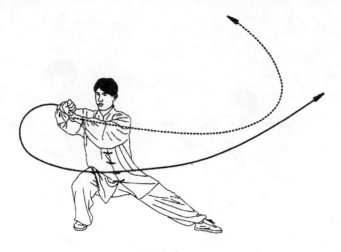

圖 2-200

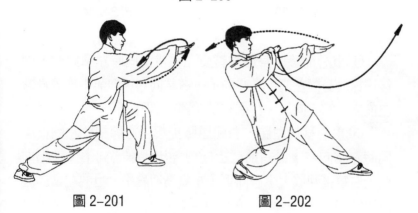

圖 2-201　　　　　圖 2-202

②身體左轉，重心前移變左弓步；同時左臂伸直，左掌向前、向左平擺抹於身體左側，掌心向下，高與肩平；右拳變掌，向後、向右、向前直臂抹掌於身前，掌心向下，高與肩平。目視右掌（圖2-201）。

③重心後移，上體後仰；同時左臂屈肘再伸直，左掌向右前方從右臂下穿出，掌心向下；右掌向左、向後收於左上臂上，掌心向下。目視左掌（圖2-202）。

圖 2-203　　　　　　　圖 2-204

④重心前移，身體左轉變左弓步；同時左掌向左、向後平抹於身體左側，掌心向下，右掌向右、向前平抹於身體左前方，掌心向下。目視右掌（圖 2-203）。

⑤重心移於左腿，右腿屈膝提起，右腳扣於左膝後；同時左掌向右，從右前臂上向前伸出，掌心向下，掌指向前，右掌稍回收，掌心向下，左掌高與肩平。目視左掌（圖 2-204）。

⑥重心後移，右腳向後落步，左腳隨之向後移動成左虛步；同時兩掌變勾手，向後、向下摟手，兩臂屈肘，兩勾尖向下，右勾手收於左肘內側，左勾頂高與肩平。目視左勾手（圖 2-205）。

4. 彈踢右挑拳

①身體右轉，變左橫襠步；同時兩臂內旋，右勾手變拳，向後上方提於右肩前，拳眼斜向下；左臂伸直，左勾手變掌，伸於左下方，掌心向後，高與腰平。目視左側（圖

圖 2-205　　　　　　圖 2-206

2-206）。

②身體左轉，重心移於左腿，右腿挺膝站立，隨即右腳繃腳尖向前上方彈踢，高與胸平；同時右拳向下、向前上方挑拳，拳心向後，高與口平；左掌向前上方扶於右前臂內側，掌心向右。目視右拳（圖2-207）。

5.跳提膝崩拳

①左腳蹬地跳起，右腳下落，身體騰空，左腿屈膝提

圖 2-207

起；同時左掌向前上方按於右肘下，掌心向下；右臂內旋再外旋，右拳向下、向後、向前上方崩出，拳心斜向上，高與鼻平。目視右拳（圖2-208）。

第二章　螳螂拳競賽規定套路

螳螂拳

圖 2-208

② 右腳落地（圖 2-209）。

6. 戳腳步左採右貫拳

① 身體左轉，左腿屈膝外展，腳尖自然下垂；同時右拳向左、向下收於右腰側，拳心向上；左掌順右前臂下向左前方採手握拳，拳眼斜向下。目視左拳（圖 2-210）。

② 右腳用力蹬地，左腳向左前方跨步，隨之右腳拖步向前跟進成右戳腳步；同時右拳由腰側向左上方貫擊，拳眼向下，高與頭平；左拳變掌扶於右拳背。目視右拳（圖 2-211）。

圖 2-209

圖 2-210

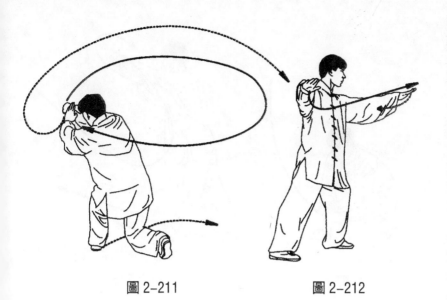

圖 2-211 圖 2-212

7. 歇步雙採手

① 身體右轉立起；右
拳變掌，向右畫弧平擺於身
體右側，掌心向下，高與肩
平；同時左掌向下、向左、
向前、向右畫弧平擺於左胸
前，掌心向下；隨即左腳向
左前弧形上步。目視左掌.
（圖 2-212）。

圖 2-213

② 身體左轉，重心左
移；同時右掌向左經左臂上
向左前穿抹，掌心向下；左掌向右後畫弧收於右肘下，掌心
向下。目視右掌（圖 2-213）。

③ 身體右轉，前上右步，右腳尖外展，兩腿交叉下蹲

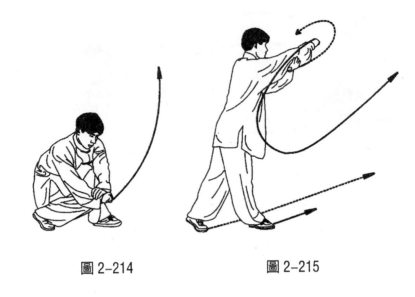

圖 2-214　　　　　　　　圖 2-215

成歇步；同時左掌抓握於右手腕部，右掌變拳，採握向右下方採捋於右踝外側。目視右拳（圖 2-214）。

8. 戳腳步左刁右推掌

①身體起立，向左轉體；同時右拳由下向左前上方貫擊，拳心向下，高與頭平；左掌隨之伸於右前臂下，掌心向下。目視右拳（圖 2-215）。

②身體微右轉再左轉，左腳向左前跨步，隨之右腳向前拖步跟進成右戳腳步；同時左掌順右前臂下向前、向左刁捋，變勾手於頭前左側，勾尖向外下方；右拳變掌，經右腰側向左前方推出，掌心斜向前上方，掌指向右前方，高與腰平。目視右掌（圖 2-216）。

9. 虛步左祕肘

①右腿向後撤半步，隨即身體右轉，重心右移，右腿屈膝；同時右臂內旋，右掌向下、向後、向右攔出，拇指一側向下；左勾手收於左腰側，勾頂向前。目視右掌（圖 2-

圖 2-216

圖 2-217

圖 2-218

217）。

　　②左腳向右前上步成左虛步；同時左勾手由腰側向前下方沖出祕肘，勾尖向後，高與襠平；右臂外旋，右掌扶於左臂內側。目視左勾手（圖 2-218）。

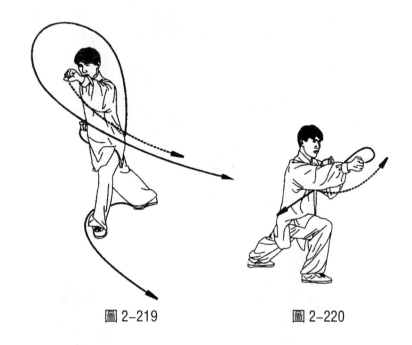

圖 2-219　　　　　　　圖 2-220

10. 弓步右劈拳

①身體右轉，左腳向右前弧形上步；同時右掌變拳，收抱於右腰側，拳心向上；左勾手變掌，向右、向左上方採手握拳，拳眼斜向下，高與眼平。目視左拳（圖 2-219）。

②身體左轉，右腳向前弧形上步成右弓步；同時右拳向下、向後、向上、向前下劈出，拳眼向上，高與肩平；左拳變掌，扶於右前臂內側，拳心向右。目視右拳（圖 2-220）。

11. 上步左採右格肘

①身體微左轉再微右轉；同時右臂外旋，右拳稍前伸，隨即收抱於右腰側，拳心向上；左掌順右前臂下向前採捋握拳，拳眼斜向下。目視左拳（圖 2-221）。

圖 2-221　　　　　　　　圖 2-222

② 身體左轉，左腳向前上步，腳尖外展；同時右前臂向右、向前、向上、向左格肘，拳心斜向後上方；左拳置於右肘內側，拳心向下。目視右前臂（圖 2-222）。

12. 騰空沖拳轉身戳腳步右沖拳

① 身體右轉，左腳用力蹬地，右腿向前上方擺踢，身體騰空；同時右前臂向外格肘，隨之右拳收抱於右腰側，拳心向上，左拳向前上方沖出，拳眼向上。目視左拳（圖2-223）。

② 上動不停。右腿向下、向後擺動，左腿屈膝前擺；同時左拳收抱於左腰側，拳心向上；右拳向前上方沖

圖 2-223

螳螂拳

圖 2-224　　　　　圖 2-225

出，拳眼向上，高與口平。目視右拳（圖 2-224）。

③ 右腿屈膝前擺，左腿向下、向後擺動；同時左拳向前上方沖出，拳眼向上，高與口平；右拳收於右腰側。目視左拳（圖 2-225）。

④ 身體在空中左後轉體，隨即兩腳落地成右戳腳步；同時右拳向前沖出，拳眼向上，高與胸平；左拳變掌，扶於右前臂內側，掌心向右。目視右拳（圖 2-226）。

13. 抹掌右彈踢

① 身體起立，向右轉體，右腳跟內扣落地，隨之左腳向前上步，腳尖外展；同時右臂外旋，右拳變掌，掌心向上，收於左肘下方，掌指向左；隨轉體和上步左掌掌心向下、向右、向左前抹掌於身前，掌指向右。目視左掌（圖 2-227）。

② 上動不停。右掌繼續向下、向右、再向上、向前、

圖 2-226

圖 2-227

圖 2-228

圖 2-229

向下繞環擺於襠前，掌心斜向內，掌指向下；左掌向左、向下、向右、向上繞環擺於右肩前，掌心向右，掌指向上。目視右前方（圖 2-228）。

　　③重心左移，左腿站立，右腳腳尖繃直向右前上方彈踢，高與胸平。目視右腳（圖 2-229）。

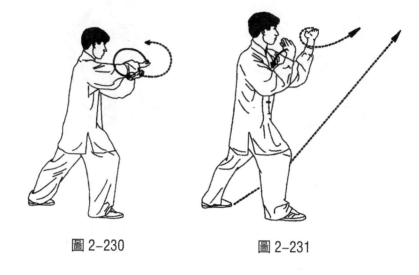

圖 2-230　　　　　　圖 2-231

14. 勾手左側踹

① 右腳向下落步，右腿稍屈；右掌向上、向左擺動；左掌向下、向右伸於右臂下方，兩臂交叉於胸前，掌心均向下。目視右掌（圖 2-230）。

② 身體微左轉再微右轉；同時右掌先內旋後外旋，向左、向後、向右繞環至右肩前，掌心斜向上，掌指向右前方；左掌外旋，向前、向左、向後、向上繞環於頭左前方，掌心向上，掌指向左前方。目隨右掌再視左掌（圖 2-231）。

③ 重心右移，右腿站立，左腿屈膝展胯高抬，隨即向左側踹出，高與胸平；同時右掌變勾手，右勾手向左、向後收於左肩前，勾尖向後；左掌內旋，變勾手向左勾擊，勾尖向左，高與頭平。目視左腳（圖 2-232）。

④ 右腿站立不動，左腿屈膝收回，展胯高抬；同時左勾手屈肘回收。目視左側（圖 2-233）。

圖 2-232

圖 2-233

圖 2-234

15. 戳腳步右頂肘

① 左腳在身體左側落步；同時兩臂體前交叉，左臂在外，兩掌心斜向外下方。目視左掌（圖2-234）。

② 身體左轉，左腳尖和右腳跟外展；同時左掌向上、向左、向下、向後掄擺於身體左側，掌心斜向前；右掌向下、向右、向上、向前下方坐腕塌掌，掌心向下，高與腹平。目視右掌（圖2-235）。

③ 身體繼續左轉，右腳隨之屈膝提起於左腿內側；同時左掌內旋微下按，

圖2-235

掌心向下，高與胸平；右掌變拳，外旋向左掩肘，拳心向上，高與肩平。目視右前臂（圖2-236）。

④ 身體微右轉，右腳向右側跨步，隨之左腳拖步向右

圖2-236

圖 2–237　　　　　　　　　圖 2–237 附圖

跟進成左戳腳步；隨即左掌扶於右拳面；右臂內旋，屈肘向右側頂肘，右拳心向下，高與胸平。目視右肘（圖 2–237、圖 2–237 附圖）。

螳螂拳

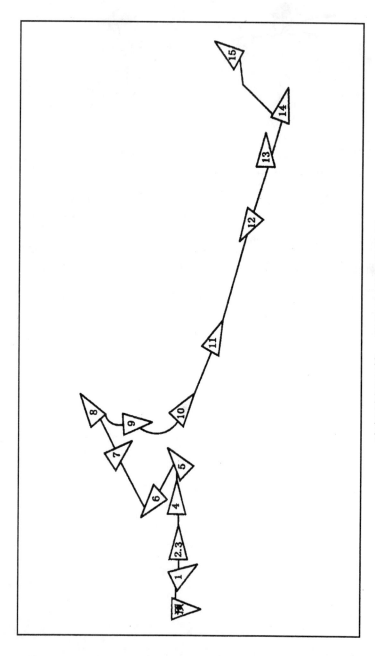

高級螳螂拳第一段動作路線示意圖

第二段

16. 勾手右蹬腿

①身體立起左轉，左腳跟落地，重心移於左腿；同時右拳變掌，右掌弧形左擺於左前方，掌心向下。目視右手（圖2-238、圖2-238附圖）。

②上體稍右轉微後傾，重心右移；同時右臂先微內旋再外旋，右掌在面前向後、向右、向左前方平雲一周擺於體前，掌心向上，與胸同高；左臂先外旋再內旋，左掌在右掌平雲時向左、向後、向右前方平雲一周，擺於體前與右前臂胸前交叉，左前臂在上，掌心向下。先隨右掌再目視左掌（圖2-239、圖2-239附圖）。

③重心移於左腿，左腿微屈站立，上體側屈前俯，右腳抬起經左腿後向左後蹬出，高與膝平，力達腳跟；同時左掌變勾手，向左後摟手於左胯旁，勾尖朝上；右掌變勾手，

圖2-238

圖2-238附圖

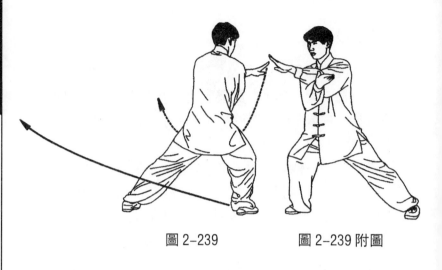

圖 2-239　　　　　　　圖 2-239 附圖

圖 2-240　　　　　　　圖 2-240 附圖

屈肘落於左腹前，勾尖向後。目視右腳（圖 2-240、圖 2-240 附圖）。

17. 半馬步撅臂

身體微左轉，右腳向右側落步，兩腿屈蹲成左半馬步；同時兩勾手變掌，右臂內旋，右掌採手握拳，屈肘向右拉於腹前，拳心向下；左臂外旋，左掌握拳，左臂屈壓，左前臂向上、向右下橫擺於身體左側，拳心向上，高與腰平。目視

圖 2-241

圖 2-241 附圖

圖 2-242

圖 2-242 附圖

左拳（圖 2-241、圖 2-241 附圖）。

18. 擺踢右上劈拳

①重心微下沉右轉；同時左前臂向右掩肘。目視左拳（圖 2-242、圖 2-242 附圖）。

②上體左轉起立，重心左移；同時左臂內旋，左拳向後收於右肘下，拳心向下；右拳向右、向左上方貫拳，拳眼斜向下，高與頭平。目視右拳（圖 2-243）。

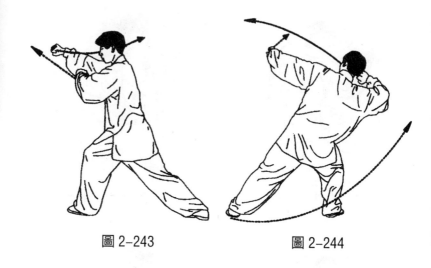

圖 2-243　　　　　　圖 2-244

③上體右轉並微後仰；同時左拳變掌，順右前臂下採手，握拳伸於頭左前方，拳心向外；右臂內旋，右拳向後、向右平繞拉於右耳側，拳心向外。目視左拳（圖 2-244）。

④上體前俯並左上翻轉，重心移向右腿站立，左腿屈膝（以腳後跟為力點），向上、向左後勾擺，左腳略高過胯；同時右臂外旋，右拳向左前上方劈拳，拳心向上，高與頭平；左拳變掌，扶於右前臂內側。目視右拳（圖 2-245）。

19. 戳腳步右秘肘

①身體微左轉再微右轉，左腿稍下落；同時右臂內旋，右拳變掌，向左下抄擺於左腹前，隨即右掌變勾手，向右上方刁手至右前方，勾尖斜向外下方，高與鼻平；左掌下按於腹前，掌心向下。目視右勾手（圖 2-246）。

②身體微左轉，左腿屈膝提於身前；同時左掌變勾手，經腹前向右、向左上方刁手至左前方，勾尖斜向外下方，高與鼻平；右勾手向下收於右腰側，勾尖向左。目視左

圖 2-245   圖 2-246

圖 2-247

螳螂拳

勾手（圖 2-247）。

　　③左腳向左前方跨步，右腳隨之向前拖步跟進成右戳
腳步；同時右勾手向左前方擊出，勾尖斜向下，高與肩平；
左臂屈肘，左勾手刁至左耳側，勾尖向外下方。目視右勾手
（圖 2-248）。

圖 2-248

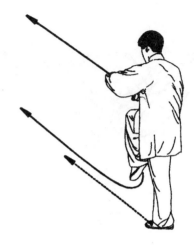

圖 2-249

20. 戳腳步採手右沖拳

① 身體右轉，右腿屈膝提起；同時兩勾手變掌，右掌向右、向後、向左畫弧採手握拳於胸前，拳心向下；左掌向前、向下、向右畫弧採手握拳於右拳前，拳心向下。目視左拳（圖 2-249）。

② 右腳向前跨步，左腳隨之向前拖步跟進成左戳腳步；同時右拳從左手腕上向前沖出，拳心向下，高與肩平；左拳收於右肘下，拳心向下。目視右拳（圖 2-250）。

21. 戳腳步左搬肘

① 身體立起微左轉；同時右拳左擺，兩臂胸前交叉，右臂在上，拳心均向下。目視右拳（圖 2-251）。

② 上體微後仰；同時右臂內旋屈肘，右拳向左、向後繞環畫弧至頭右前方，拳眼向下，高與頭平；左臂外旋，左拳向前、向左直臂平擺於左前方，拳心向上，高與肩平。目視左拳（圖 2-252）。

圖 2-250　　　　　　　　　　圖 2-251

圖 2-252

　　③左腳向前上步，左腳尖勾起並內扣向右勾踢；同時左臂內旋屈肘再伸直，向上、向後、向右、向前畫弧向左揮打搬肘，拳眼向下；右臂外旋再內旋，畫弧繞環收於左上臂

圖 2-253　　　　　　　　　圖 2-254

下，拳心向下。目視左拳（圖 2-253）。

22.翹腳步右搬肘

①上體微右轉；同時左拳右擺，兩臂胸前交叉，左臂在上，左拳眼向下，右拳心向下。目視左拳（圖 2-254）。

②上體微後仰；左臂屈肘，左拳向右、向後繞環畫弧至頭左前方，拳眼向下，高與頭平；右臂外旋，右拳向前、向右直臂平擺於右前方，拳心向上，高與肩平。目視右拳（圖 2-255）。

③右腳向前上步，右腳尖勾起並內扣向左勾踢；同時右臂內旋屈肘再伸直，向上、向後、向左、向前畫弧，向右揮打搬肘，拳眼向下；左臂外旋再內旋，畫弧繞環收於右上臂下，拳心向下。目視右拳（圖 2-256）。

23.上步右腆肘

①身體微右轉，重心前移，右腳尖外展踏實；同時右臂外旋，右拳收抱於右腰側，拳心向上；左拳變掌，沿右臂下向前採手握拳於面前，拳眼斜向下。高與鼻平。目視左拳

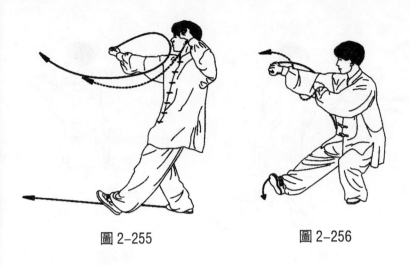

圖 2-255　　　　　　　　　圖 2-256

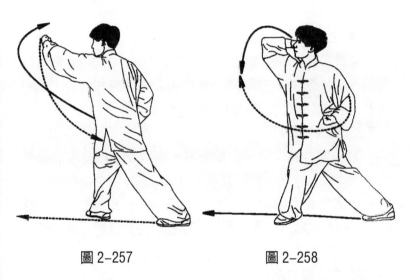

圖 2-257　　　　　　　　　圖 2-258

（圖 2-257）。

　　②身體微左轉，左腳向前上步，左腳尖外展；同時左拳收抱於左腰側，拳心向上；右臂屈肘向上腴肘，肘尖向右前方。目視右肘（圖 2-258）。

圖 2-259　　　　　圖 2-259 附圖

24. 上步左疊肘

身體右轉，右腳向前上步，右腳尖外展；同時左臂屈肘向前、向右疊肘；右拳變掌，扶於左肘處，掌指向上，掌心向左。目視左肘（圖 2-259、圖 2-259 附圖）。

25. 雙採右膝打

①上體右轉；同時左拳變掌，與右掌一起向左前畫弧伸出，兩掌心向下，高與胸平。目視兩掌（圖 2-260）。

②右腳用力蹬地，左腳向左前方跳步，隨之右腿屈膝高提，向左上膝打；同時兩掌採手握拳拉於身體右側，兩拳心向下，高與胯平。目視右前方（圖 2-261）。

26. 左上摟勾踢

①右腳向前落步，右腳尖外展，身體微左轉；同時兩拳變掌，右掌向左前上方擺動，兩前臂胸前交叉，掌心均向下，右臂在上。目視右掌（圖 2-262）。

②兩臂微內旋再外旋，右掌向後、向右、向前繞環畫弧於身前，掌心向左，掌指向前；左掌向左、向後、向上繞

圖 2-260　　　　　　　　圖 2-261

圖 2-262　　　　　　　　圖 2-263

環畫弧於頭左前方，掌心向上，掌指向左前方。目視左掌
（圖 2-263）。

　③ 身體微右轉；同時左掌從右前臂上向右前方伸出，

圖 2-264　　　　　　　　　圖 2-265

掌心向下，高與肩平；右掌稍後收於左肘下，掌心向下。目
視左掌（圖 2-264）。

　　④ 身體微左轉，重心右移，右腿屈膝下蹲，左腳跟擦
地向前上步勾踢，左腳尖上勾內扣；同時左掌變勾手向左下
方摟手，勾尖向下，高與肩平；右掌變勾手收於左胸前，勾
尖斜向下。目視左勾手（圖 2-265）。

　　27. 戳腳步右秘肘

　　① 身體右轉，左腳尖落地，全腳掌踏實，隨之右腿屈
膝提起，右腳尖自然下垂；同時兩勾手變掌，右掌向前、向
右、向後、向左畫弧採手於胸前，掌心向下；左掌向前、向
右畫弧採手於右掌前，掌心向下。目視左掌（圖 2-266）。

　　② 右腳向前跨步，左腳隨之向前拖步跟進成左戳腳
步；同時右掌變勾手，從左手腕上向前擊出，拇指一側向
上，勾尖向後，高與肩平；左掌稍下按收於右肘下，掌心向
下。目視右勾手。（圖 2-267）。

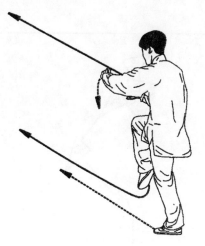

圖 2-266

圖 2-267

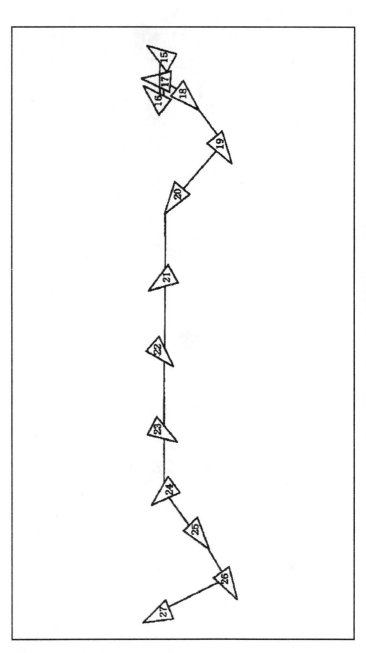

高級螳螂拳第二段動作路線示意圖

第三段

28. 震腳翹腳步左挑拳

① 身體右轉 90°，右腳提起，腳尖外展，在左腳內側震腳；同時右勾手變掌，右臂外旋再內旋，右掌向右、向後、向左旋腕畫小弧，隨轉體向下、向右採手握拳於腹前，拳心向下；左掌握拳收於左腰側，拳心向上。目視右拳（圖 2-268）。

② 身體繼續右轉約 90°，右腳以腳跟為軸，腳尖外展，右腿屈膝下蹲，左腳向前上步，腳尖勾起成翹腳步；同時右拳隨轉體向右後上方畫弧擺至頭右前方，拳心向外；左拳從左腰側向前上方挑拳，拳心向內，高與口平。目視左拳（圖 2-269）。

圖 2-268

圖 2-269

螳螂拳

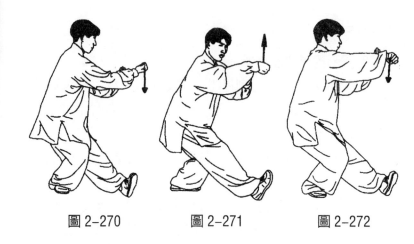

圖 2-270　　　　圖 2-271　　　　圖 2-272

29. 九打連環劈

①身體左轉；同時右拳向下、向前、向左橫擊，拳心向上，高與肩平；左拳變掌，扶於右前臂內側，拇指一側向上。目視右拳（圖 2-270）。

②身體微右轉；同時右拳變勾手，用勾頂向右擊出，勾尖向左，高與肩平；左掌仍扶於右前臂。目視右勾手（圖2-271）。

③身體微左轉；同時右臂內旋，右勾手用勾頂向左擊出，勾尖向右，高與肩平；左掌仍扶於右前臂，掌指向上。目視右勾手（圖2-272）。

④身體微右轉；同時右勾手變掌，右掌向右砍掌，掌心向下，高與肩平；左掌仍扶於右前臂，掌指向上。目視右掌（圖2-273）。

圖 2-273

圖 2-274

圖 2-275

⑤身體微右轉；同時右掌向下、向後擺於右胯旁，掌心向下；左掌向上、向前、向下劈掌，掌心向右，掌指斜向上，高與肩平。目視左掌（圖2-274）。

⑥身體微左轉；同時右臂外旋，右掌向後、向上、向前、向下劈掌，掌心向左、掌指斜向上，高與肩平；左掌向後收於右肘下方，掌心向下，掌指向右。目視右掌（圖2-275）。

⑦身體右轉；同時右臂微內旋，右掌變勾手，向後上方刁手，勾尖向下，高與鼻平；左掌隨轉體後移仍附於右肘下方。目視右勾手（圖2-276）。

⑧身體左轉；同時左掌變勾手，由右肘下向左前上方刁手，勾尖向下，高與肩平；右勾手姿勢不

圖 2-276

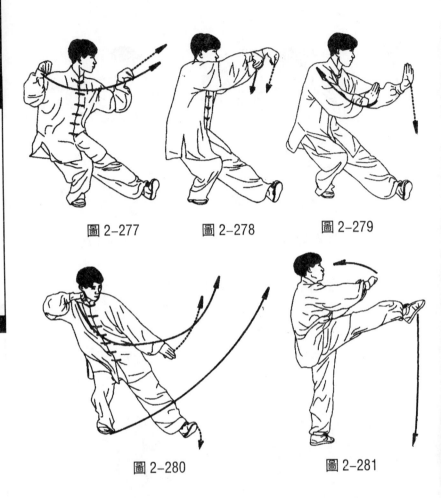

圖 2-277　　　　　圖 2-278　　　　　圖 2-279

圖 2-280　　　　　　　　圖 2-281

變，隨轉體向左移動。目視左勾手（圖 2-277）。

　　⑨ 兩勾手同時向前上方伸臂，用勾頂擊出，高與眉平，兩勾尖向下。目視兩勾手（圖 2-278）。

　　⑩ 兩勾手變掌，兩掌坐腕塌掌，左掌在前，右掌在後，兩掌指向上，左掌心向右，右掌心向左，高與胸平。目視兩掌（圖 2-279）。

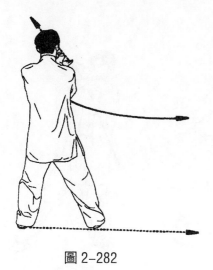

圖 2-282　　　　　　　　　　圖 2-282 附圖

30. 彈踢上崩拳

　　① 身體右轉；同時兩臂內旋，右臂屈肘，右掌變拳，向右拉於右肩前，拳心向下；左臂伸直，左掌向左下方伸出，拇指一側向下，高與胯平。目視左掌（圖 2-280）。

　　② 身體左轉 90°，重心前移至左腿，左腳尖落地踏實外展，左腿挺膝站立，隨之右腳屈膝抬起向前上方彈踢，腳尖繃直，高與胸平；同時右拳向下、向前上方抖腕崩拳，拳心向前下方，高與肩平；左掌向左、向上、向前攔出，隨之後收扶於右前臂內側，掌指向上，掌心向右。目視右拳（圖 2-281）。

31. 叉步右橫擊拳

　　① 右腳向前落地，腳尖內扣，身體左轉 90°；同時右臂外旋屈肘，右拳隨轉體向左擺動，拳心向內，高與鼻平；左掌順右前臂外側向上移動至右腕部，掌心向外。目視右拳（圖 2-282、圖 2-282 附圖）。

螳螂拳

圖 2-283　　　　　　　　　圖 2-284

②左腳經右腿後向右插步，左腳跟抬起；同時左掌屈臂，上架於頭左前上方，掌心向外；右臂內旋，右拳向下、向右橫擊於身體右側，高與胸平，拳心向下，力達拳輪。目視右拳（圖2-283）。

32.戳腳步左架右捆肘

①以右腳跟、左腳掌為軸，身體左轉約180°；同時左掌向上、向右收於右肘下，掌心向下；隨之右拳向上、向左隨轉體向左貫擊，拳眼斜向下，高與眉平。目視右拳（圖2-284）。

②左掌順右前臂下採，手握拳橫架於頭前左上方，拳眼向下，稍高於頭；右臂外旋，右拳向後、向下收於右腰側，拳心向上。目視左前方（圖2-285）。

③身體左轉；左腳向左前跨步，右腳隨之向前拖步跟進成右戳腳步；同時右前臂向左前方推出捆肘，拳心向上。目視左前方（圖2-286）。

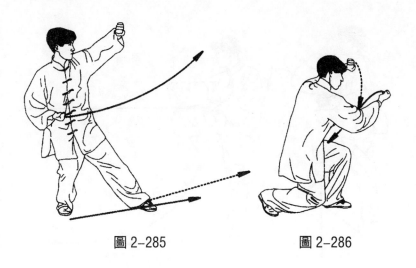

圖 2-285	圖 2-286

33. 跳步右採左拿右沖拳

① 身體稍起微右轉，重心後移成左半馬步；同時兩拳變掌，左掌向下、向右按掌於身前成橫掌，掌心向下，高與胸平；右臂內旋，右掌向後、向右下按於腹前成橫掌，掌心向下，右掌在後，左掌在前。目視左掌（圖 2-287）。

② 重心前移，左腳用力蹬地，右腿屈膝前上擺動，身體騰空微左轉；同時右掌向右、向前、向左畫弧按掌成橫掌，掌心向下，高與胸平；左掌向後、向下按於腹前成橫掌，掌心向下。目視右掌（圖 2-288）。

③ 右腳落地，身體微右轉，左腿屈膝提起；同時右掌向右、向後畫弧平擺於腹前變拳，拳心向下；左掌

圖 2-287

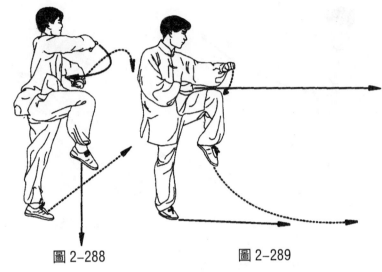

圖 2-288　　　　　　　圖 2-289

圖 2-290

向左、向前畫弧平擺於胸前變拳，拳心向下。目視左拳（圖2-289）。

④ 左腳向前跨步，身體微左轉，右腳隨之向前拖步跟進成右戳腳步；同時右拳從左手腕上向前沖出，拳心向下，高與肩平；左拳收於右肘下方，拳心向下。目視右拳（圖2-290）。

34. 跳換步左右爬掌

① 身體微左轉，重心後移，左腿屈膝抬起；同時兩拳變掌，左掌向後收於腹前，掌心向下；右掌向下、向左上方畫弧擺於胸前，掌心斜向前。目視右掌（圖2-291）。

② 身體微右轉，右腳用力蹬地跳起，左腿屈膝上擺，

圖 2-291　　　　圖 2-292　　　　圖 2-293

身體騰空；同時右掌向右、向前上
方爬掌，掌心斜向前下方，掌高過
頭。目視右掌（圖2-292）。

　③上動不停。右腿屈膝上
擺，左腿自然下擺，在空中左掌由
腹前經右手腕上向前上方爬掌，掌
心斜向前下方，掌高過頭；同時右
掌收於腹前，掌心向下。目視左掌
（圖2-293）。

　④上動不停。在空中右掌由
腹前經左手腕上向前上爬掌，掌心

圖 2-294

斜向前下方，掌高過頭；同時左掌收於腹前，掌心向下。目
視右掌（圖2-294）。

　⑤左右腳相繼落地成右半馬步；同時右掌下落於身

前，掌心向下，高與肩平；左掌
仍於腹前，掌心向下。目視右掌
（圖2-295）。

35. 跳步右蹬踹

① 右腳向前進步，右腿屈
膝；同時右掌變拳，右臂外旋屈
肘向右、向下、向上抄起。目視
右拳（圖2-296）。

② 右腳用力蹬地，左腿前
上擺動，身體騰空，上體右轉，

圖2-295

右腿由屈至伸，右腳向前上方蹬踹，右腳尖外展，斜向右上
方，高與胸平；同時右拳收於右腰側，拳心向上，左掌從右
臂上向前橫掌推出，掌心向下。目視前方（圖2-297）。

36. 落步右疊肘

左右腳相繼落地，兩腳尖內扣，兩腿屈膝下蹲，身體左
轉；同時右肘向左疊肘，左掌扶於右肘部。目視右肘（圖

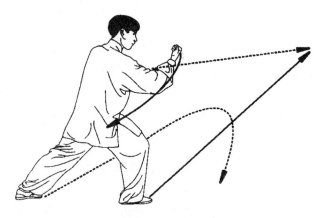

圖2-296

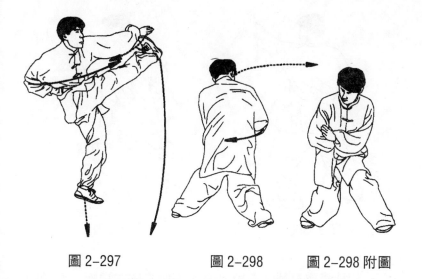

圖 2-297　　　　　圖 2-298　　　　圖 2-298 附圖

2-298、圖 2-298 附圖）。

37. 左右貫拳右頂肘

① 身體右轉稍立起，重心右移成右弓步；同時右臂外旋，屈肘後頂，右拳收於右腰側，拳心向上；左掌變拳，向下經左腰側向右上方貫拳，拳眼斜向下，高與頭平。目視左拳（圖 2-299）。

圖 2-299

② 身體左轉；同時左臂外旋，屈肘後頂，左拳收於左腰側，拳心向上；右拳由腰側向左上方貫拳，拳眼斜向下，高與頭平。目視右拳（圖 2-300）。

圖 2-300　　　　　　　　　　圖 2-301

　　③ 身體微右轉；右臂屈肘，用肘尖向右頂擊，右拳眼斜向下。目視右肘（圖 2-301）。

　　38. 戳腳步連沖拳

　　① 身體右轉；同時右臂外旋，右臂屈肘，貼肋後頂，右拳收於右腰側，拳心向上；左拳由腰側向胸前沖出，左臂屈肘，拳心向下，高與胸平。目視左拳（圖 2-302）。

　　② 身體微左轉；同時左拳向下、向後按壓於腹前，拳心向下；右拳經右腰側經左腕上向身前沖出，右臂屈肘，拳心向下，高與腰平。目視右拳（圖 2-303）。

　　③ 身體微右轉；同時右拳向下、向後按壓於腹前，拳心向下；左拳由腹前經右腕上向身前沖出，左臂屈肘，拳心向下，高與腰平。目視左拳（圖 2-304）。

　　④ 身體微左轉，右腳向前跨步，左腳隨之向前拖步跟進成左戳腳步；同時右拳直臂向前沖出，拳心向下，高與腹平；左拳下按，收於右肘下，拳心向下。目視右拳（圖 2-

圖 2-302

圖 2-303

圖 2-304

圖 2-305

305）。

圖 2-306

39. 跳轉身右橫擊肘

① 身體立起，向左轉體，左腳向左前上步；同時右拳向左上方貫拳，拳心向下，高與鼻平；左拳變掌，隨右前臂擺動，仍貼於右肘下方，掌心向下。目視右拳（圖 2-306）。

② 左腳蹬地，右腳向前跳步，腳尖內扣，身體左後轉體180°，隨之右腿向後擺動；同時左掌順右前臂下採手握拳，向左平擺於身前，拳心向下，高與肩平；右臂微內旋屈肘，右拳後收於頭右前方，拳眼向下。目視左拳（圖 2-307）。

③ 身體繼續左後轉體180°，隨之左腳向前跨步，右腳拖步向前跟進成右戳腳步；同時右臂外旋，隨轉體向後、向右、向左前橫擊肘，右拳心向上，右肘微屈；左拳隨轉體向左平擺，然後變掌，扶於右前臂內側，拇指一側向上。目視右前臂（圖 2-308）。

圖 2-307

圖 2-308

螳螂拳

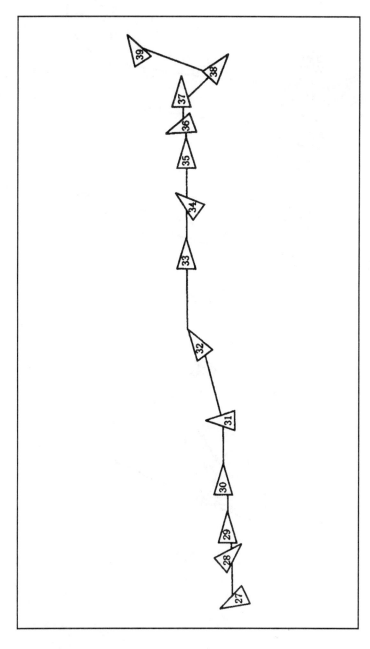

高級螳螂拳第三段動作路線示意圖

第四段

40. 左砸肘前蹬踹

身體微左轉再微右轉稍起；同時右拳變掌，右前臂稍向左後掩肘，左臂內旋，左掌向左、向前畫弧；隨之右臂內旋，右掌握拳，後拉於身體右後方，拳心向下，高與胯平；左掌握拳，左前臂外旋屈肘，用左前臂向後下方砸肘，拳心向上，高與腹平；右腳在右拳後拉、左前臂下砸時向前上方蹬踹，腳尖外展，高與膝平。目視左前臂（圖2-309）。

41. 抬腿左按右秘肘

① 右腳向身後落地，右腳跟抬起，左腿屈膝，身體微左轉；同時兩臂內旋，兩拳變掌下伸於左膝外側，兩掌指向下，掌心向右。目視兩掌（圖2-310）。

② 身體立起，微右轉，兩腿伸直站立；同時右臂屈

圖2-309

圖2-310

肘，右掌隨之向上提於左肩前，掌心向外。目視右掌（圖2-311）。

③ 身體繼續右轉，重心移於右腿，左腳跟抬起；同時兩掌提拉向右上方擺動，隨之右掌下按於腹前，掌心向下；左掌擺於面前，高與鼻平，掌心斜向前。目視左掌（圖2-312）。

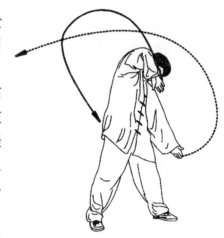

圖2-311

④ 右腿伸直站立，左腿屈膝抬起，左腳尖繃直，左膝高過胯部，身體前俯抬頭；同時左掌下按，收於右肘下，掌心向下；右掌變勾手，向前上方擊出秘肘，勾尖向左後方，高與頭平。目視右勾手（圖2-313）。

圖2-312

42.戳腳步左刁右栽肘

左腳向左前方落步成右戳腳步，身體微右轉再微左轉；同時左掌順右前臂下向左上方刁手變勾手，停於頭左前方，勾尖斜向外下方，高與頭平；右臂屈肘，以肘為力點向下擊

圖 2-313　　　　　　　　圖 2-314

出栽肘，右肘高與左膝平，右勾尖向後。目視右肘（圖 2-314）。

43.雙採右扣腳

① 身體稍立起，向左轉體；同時兩勾手變掌，向下、向左、向上畫弧平擺於身前，兩掌心向下，高與胸平。目視兩掌（圖 2-315）。

圖 2-315

② 右腳向前上半步成扣步，上體右轉，兩腿稍屈；同時兩掌變拳，左臂外旋，兩拳向右、向後拉於右腰側，左拳心向上，右拳心向下。目視左拳（圖 2-316）。

44.戳腳步右崩拳

身體右轉，右腳向右前方跨步，隨之左腳向前拖步跟進成左戳腳步；同時左臂內旋，左拳變掌，向上、向前下按收

圖 2-316

圖 2-317

於右肘下，掌心向下；右拳隨之向後、向上經左前臂內側向前上方崩拳，高與鼻平，拳心斜向上。目視右拳（圖2-317）。

45. 按肩右崩拳

① 身體左轉，重心左移成左弓步；同時右臂內旋，伸直於身體右側，拳心向後；左掌按於右肩前，掌心向裡，掌指斜向上。目視右側方（圖2-318）。

圖 2-318

② 身體右轉，重心右移變右弓步；同時左掌由肩前向前下按，收於右肘下方，掌心向下，右拳向後、向上經左前臂內側向前上方崩拳，拳心斜向上，高與鼻平。目視右拳（圖2-319）。

46. 貫拳右側踹

① 身體左轉，重心左移；同時右拳隨轉體向左擺動，

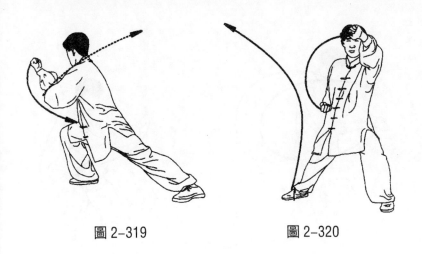

圖 2-319　　　　　　　　圖 2-320

隨之收於右腰側，拳心向上；左掌順右前臂外側向左上採手握拳，拳心向外，高與頭平。目視左拳（圖 2-320）。

②重心移於左腿，左腿支撐站立，右腿由屈至伸，右腳向右上方踹出，腳尖向前；同時右拳由腰側向左上方貫拳，拳眼斜向下，左拳變掌，扶於右拳背。目視右腳（圖 2-321）。

47. 虛步雙擺掌

①身體微右轉，左腳蹬地，右腳經左腿前向左側蓋跳步，兩腳稍騰空，隨之右腳落地，左腿屈膝提起，停於右腿後側；同時右拳變掌，兩臂外旋，兩掌由身前向右、向下擺於身體右側，左掌心向後，右掌心向前，高與胯平。目視右側方（圖 2-322）。

圖 2-321

螳螂拳

圖 2-322

圖 2-323

②身體左轉再右轉，右腳蹬地，左腳向左跨步，隨之右腳後移成右虛步；同時兩臂先內旋再外旋，兩掌向左經腹前向上、向右掄擺於身體右側，右臂微屈，右掌心向前，掌指向上；左臂屈肘，左掌擺於右肘內側，掌心向後，掌指向上。目視右掌（圖 2-323）。

48. 翻身掄臂栽拳

①身體微左轉，右掌向下、向左擺動，兩臂微屈，在腹前交叉，兩掌心均向後，右臂在外。目視右掌（圖 2-324）。

②身體右轉，重心右移，右腳跟落地踏實，右腿屈膝稍下蹲，左腿挺膝伸直；同時左臂外旋，左掌向下、向左、向上掄臂擺於身體左側，拇指一側向上，高與肩平；右臂內旋，右掌向上、向右、向下掄臂擺於身體右側，拇指一側向上，高與肩平。目視右掌（圖 2-325）。

③上動不停。身體繼續右轉，右腳尖外展，左腳跟外

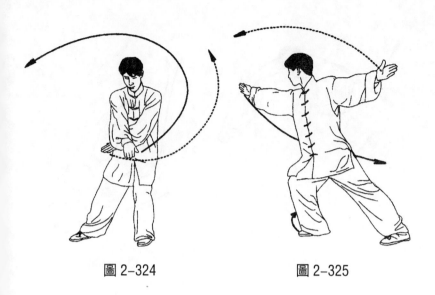

圖 2-324　　　　　　　　　圖 2-325

展抬起；同時右掌直臂向下、向後
立圓擺於右後下方，掌心向左，高
與胯平；左掌直臂向上、向前立圓
擺於左前上方，掌心向右，高與頭
平。目視左掌（圖 2-326）。

　④ 重心移於右腿，左腿屈膝
提起，左腳離地收於右踝內側，腳
尖自然下垂；同時兩掌變拳。目視
左拳（圖 2-327）。

　⑤ 左腳向前跨步，隨之右腳
向前拖步跟進成右戳腳步；同時左

圖 2-326

臂屈肘，左拳向右、向下、向左上方畫弧，橫架於頭左前上
方，略高過頭，拳眼斜向下；右臂屈肘，右拳向上經右耳側
向前下方沖出栽拳，右臂伸直，拳心斜向下，右拳離地約

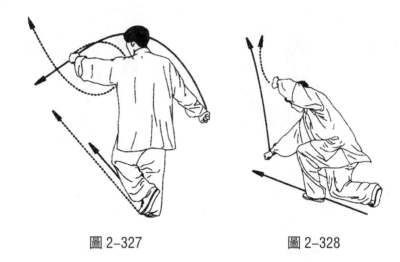

圖 2-327　　　　　　圖 2-328

20 公分。目視右拳
（圖 2-328）。

49. 雙架左彈踢

①身體立起，
右腳向前上步，右腿
微屈；同時兩拳變
掌，兩腕交叉架於頭
前上方，掌高與頭
平，兩掌心向前，右
掌在外。目視兩掌
（圖 2-329）。

圖 2-329

②重心前移，右腿挺膝站立，左腿提起由屈至伸，左
腳向前上方彈踢，腳面繃平，高與胸平；同時兩掌變勾手，
分別向左、向右後下方畫弧摟於身後，兩臂伸直斜後下垂，
勾尖均向上。目視左腳尖（圖 2-330）。

圖 2-330

圖 2-331

50.膝打撲掌虛步雙勾手

① 左腿向下、向後屈膝回收，左腳後擺於身後；同時
兩勾手變掌，兩臂伸直，分別經體側向上、向前掄擺斜上
舉，掌心向前。目視
前方（圖 2-331）。

② 左腿屈膝高
抬，左腳尖繃直下
垂；同時兩掌變勾
手，向前、向下摟手
於兩胯旁，勾尖向
後。目視前下方（圖
2-332）。

③ 左腿伸膝，
後擺展胯，上體微前

圖 2-332

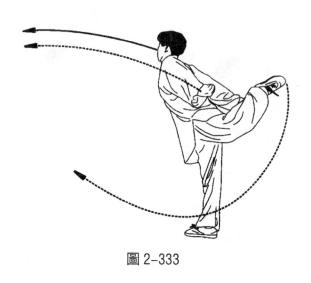

圖 2-333

傾。目視前方（圖 2-333）。

　④上體收腹，左腳向前落步，左腿屈膝前弓，右腿挺膝伸直成左弓步；同時兩勾手屈肘上提，經兩腰側變掌向前下撲掌，兩掌心向下，高與眼平。目視兩拳（圖 2-334）。

　⑤左腳用力蹬地，左腳回收半步，腳尖點地，右腿屈膝半蹲成左虛步；同時兩掌變勾手，向後摟手於身前，兩臂屈肘，勾尖向下，左勾頂高與肩平；右勾手收於左肘內側。目視左勾手（圖2-335）。

51. 左採右劈掌

　①身體微右轉再微左轉，左腳向右前弧

圖 2-334

圖 2-335   圖 2-336

形上步,腳尖外展;同時左勾手變掌,向右、向左上方採按,掌心斜向前下方;右勾手變掌,下按於右腰側,掌心向下。目視左掌(圖 2-336)。

　②身體左轉,右腳向前弧形上步;同時右臂伸直外旋,右掌向下、向後、向上、向前掄臂劈掌,拇指一側向上,高與肩平;左掌扶於右前臂內側,掌指斜向上。目視右掌(圖 2-337)。

52.虛步右架左沖拳

　　重心移於左腿,左腿微屈膝,右腳尖點地,右

圖 2-337

腿微屈成右虛步；同時右掌變拳，屈肘回收，架於頭前右側，右肘下垂，拳與頭平；左掌變拳，向前沖出，拳眼向上，高與肩平。目視左拳（圖2-338）。

53. 格肘後蹬雙秘肘

① 下肢步型不變，身體左轉；同時左拳屈肘收抱於左腰側，拳心向上；右前臂外旋，隨轉體向左格肘，右拳心向後，高與頭平。目視右前臂（圖2-339）。

圖 2-338

② 身體右轉，重心右移，右腳跟踏實，隨之左腳經右腿後向右插步；同時右拳屈肘收抱於右腰側，拳心向上；左前臂向上、向右格肘，左拳心向後，高與頭平。目視左前臂（圖2-340）。

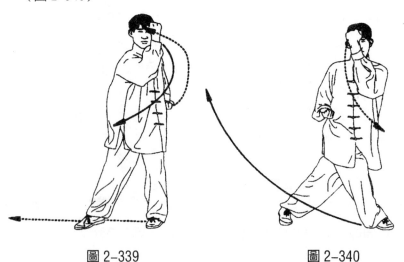

圖 2-339　　　　　　　　圖 2-340

圖 2-341

③身體左轉，上體側傾前俯，右腿屈膝抬起；同時左拳屈肘，收抱於左腰側，拳心斜向上。目視前方（圖 2-341）。

④左腿挺膝站立，右腿由屈至伸向後上方蹬出，腳尖斜向下，高與頭平；同時兩拳變勾手，兩勾手以勾頂為力點，一齊向前上方擊出，兩勾尖向後，右手高左手低，兩勾手相距約 30 公分。目視兩勾手（圖 2-342）。

54. 上步右塌掌

①身體右轉，右腳在右側落地；同時兩

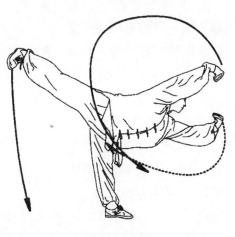

圖 2-342

勾手變掌，右掌直臂向右、向下、向左擺動，左掌向下、向右擺動，兩臂微屈，腹前交叉，兩掌心均向後，右臂在外。目視右掌（圖2-343）。

②重心右移；右臂內旋，右掌向上、向右、向下劈掌於身體右側，掌心向前，高與肩平；左臂外旋，左掌向下、向左、向上擺動於身體左側，掌心向前，高與肩平。目視右掌（圖2-344）。

③以右腳跟、左腳掌為軸，身體右轉成交叉步；同時右臂外旋，右掌直臂向下、向後擺於身後，掌心斜向前下方，掌指向後，高與胯平；左掌向上、向前掄擺於身體左前上方，掌指向前，高與頭平。目視左掌（圖2-345）。

④身體微左轉，左腳向前跨步，右腳隨之向

圖2-343

圖2-344

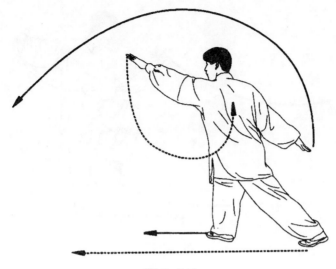

圖 2-345

前拖步跟進成右戳腳步；同時左掌向下、向後、向上擺於左後上方，左臂微屈，掌心向下，高與肩平；右臂外旋再內旋屈肘，右掌向上、向前、向下塌掌，右臂微屈，掌心向下。目視右掌（圖2-346）。

圖 2-346

55.戳腳步雙幫肘

① 身體左轉，右腳屈膝抬起；同時兩掌變拳，右臂外旋，向左掩肘。目視右前臂（圖2-347）。

② 身體右轉，右腳向前跨步，隨之左腳向前拖步跟進成左戳腳步；同時右臂內旋，左拳扶於右腕部，左拳助力與

圖 2–347

右前臂向前推出幫肘，兩拳心斜向外下方，高與腰平。目視兩拳（圖 2–348）。

56. 三拳兩腳

① 身體稍起，微左轉，重心左移，左腳跟落地，兩腿屈膝下蹲成右半馬步；同時左拳收於左腰側，拳心向上；右拳屈肘下砸於腹前，拳心向上，高與腹平。目視右拳（圖 2–349）。

圖 2–348

② 重心右移，右腿微屈膝站立，左腿提起由屈至伸，左腳向前蹬踹，腳尖外展，高與膝平。目視左腳（圖 2–350）。

③ 身體微右轉，左腳向後落步成右弓步；同時右拳收

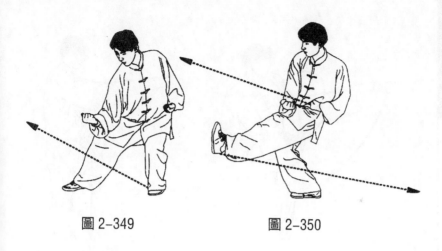

圖 2-349　　　　　　　　圖 2-350

圖 2-351　　　　　　　　圖 2-352

於右腰側，拳心向上；左拳由左腰側向前沖出，拳眼向上，
高與肩平。目視左拳（圖 2-351）。

　④ 身體左轉，重心後移左腿成右虛步；同時左拳收抱
於腰側，拳心向上；右拳向右、向上、向下砸於腹前，拳心
向上。目視右拳（圖 2-352）。

圖 2-353

圖 2-354

⑤ 右腳提起，以腳外側為力點向右側上方鏟出，腳掌向下，高與肋平。目視右腳（圖 2-353）。

57. 跳步提膝右沖拳

① 身體右轉，右腿回收屈膝提起；同時兩臂內旋，兩拳變掌，右掌向右、向後、向左平圓畫弧於胸前握拳，拳心向下；左掌向左、向前、向右畫弧握拳於右拳前，拳心向下，高與胸平。目視左拳（圖 2-354）。

② 左腳蹬地跳起，右腳在身前落地，隨之左腿屈膝高提，膝高過腰部；同時右拳從左手腕上向前沖出，拳心向下，高與肩平；左拳收於右肘下，拳心向下。目視右拳（圖 2-355）。

58. 翹仆步下沖拳

身體左轉，右腿屈膝全蹲，左腿向左仆腿伸直，腳尖勾起成翹仆步；同時左臂外旋，左拳順左腿內側向下沖拳，拳眼向上；右拳拳眼向上，直臂伸於右側上方。目視左拳（圖

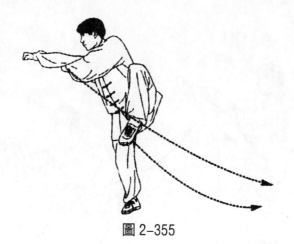

圖 2-355

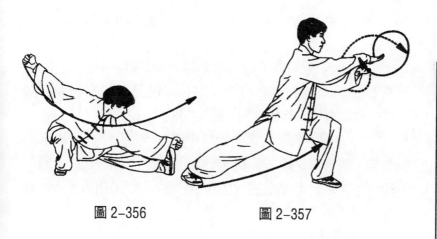

圖 2-356　　　　　　　圖 2-357

2-356）。

59. 半馬步雙勾手

①重心前移，左腿屈膝，右腿挺膝伸直，身體左轉成
左弓步；同時兩拳變掌，兩臂於體前交叉，右臂在上，兩掌
心均向下。目視右掌（圖2-357）。

②重心全部移於左腿，右腳提起扣於左膝一側；右手

圖 2-358　　　　　　　　圖 2-359

向上、向右、向下、向後畫弧繞環繞至左肘下，右臂屈肘，掌心向下；同時左手向下、向左、向上畫弧繞環前伸於胸前，掌心向下。目視左掌（圖 2-358）。

③ 身體右轉，右腳向後落步成左半馬步；同時兩掌變勾手，隨重心後移向下、向後摟手於身前，兩臂屈肘，兩勾尖向下，右勾手收於左肘內側，左勾手勾頂高與肩平。目視左勾手（圖 2-359）。

60.併步按掌

① 身體右轉，左腳跟外展，左腳蹬直，右腿屈膝；同時兩勾手變掌，兩掌直臂平伸於身體兩側，掌心均向上，高與肩平。目視右掌（圖 2-360）。

② 身體起立，左腳向右腳併步；同時兩掌向裡經胸前下按於身體兩側，兩臂微屈，兩掌心向下，高與胯平。目視左側（圖 2-361）。

圖 2-360

圖 2-361

圖 2-362

收　勢

　　左腳向前上步，隨之右腳向左腳併步站立；同時兩臂自然下垂於體兩側。目視前方（圖 2-362）。

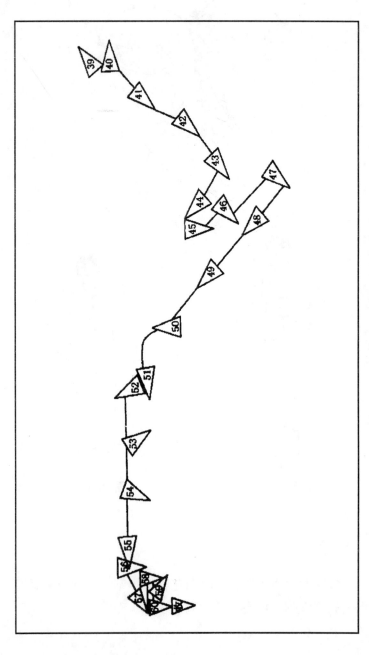

高級螳螂拳第四段動作路線示意圖

第三章

螳螂劍競賽規定套路

第一節　螳螂劍初級競賽規定套路

一、動作名稱

預備勢：併步持劍

第一段

1. 虛步背劍亮指
2. 歇步雲接劍
3. 右戳腳步刺劍
4. 弧行步右撩劍
5. 弧行步左撩劍
6. 右戳腳步點劍
7. 歇步右截劍
8. 右戳腳步推劍
9. 左戳腳步反刺劍
10. 叉步腕花點劍
11. 轉身半馬步雲刺劍
12. 左戳腳步腕花劈劍
13. 插步腕花劈劍
14. 轉身左戳腳步斬劍

15. 左戳腳步絞刺劍
16. 左右撩併步點劍

第二段

17. 叉步雲斬劍
18. 左翹腳步推劍
19. 右翹腳步推劍
20. 右虛步絞劈劍
21. 右下截劍
22. 馬步腕花反撩劍
23. 右戳腳步推劍
24. 右提膝下截劍
25. 上步左右掛劍
26. 右戳腳步反刺劍
27. 退步左右抹劍
28. 叉步反撩劍
29. 蓋步崩劍
30. 左戳腳步點劍
31. 右戳腳步推劍
32. 虛步背劍

收勢：併步持劍

二、動作說明

螳螂劍初級競賽規定套路分為兩段，共 32 個動作，其中包括戳腳步、翹腳步、歇步、叉步、虛步、半馬步、馬

步、併步、獨立步9種步型；刺、撩、推、劈、斬、截、絞、掛、點、崩、雲、抹、挑、腕花14種劍法。完成全套動作55秒鐘左右，脈搏最大強度162次／分左右。

預備勢：併步持劍

身體正直，併步站立；左手持劍，垂於身體左側，左手心向後；右手成劍指，下垂於身體右側，手心向後。目視前方（圖3-1）。

第一段

1.虛步背劍亮指

①身體右轉，右腳向右前方上步成右弓步；同時右劍指直臂向前上方擺於體前右側，手心向上，高與肩平；左手持劍，屈肘上提，手心向下，高與腰平。目視右劍指（圖3-2）。

圖 3-1

圖 3-2

圖 3-3　　　　　　　　　圖 3-4

②下肢動作不變；右劍指屈肘，收於右腰側，手心向上；同時左手持劍，向右前方直臂伸出，手心向下，高與肩平。目視劍柄（圖 3-3）。

③身體左轉，左腳向左前移步成左虛步；同時左手持劍，向下、向左、向上擺舉於身體左側，拇指一側向下，高與肩平；右劍指向下、向右、向上弧形擺於頭右前上方抖腕亮指，手心向前。目視左側（圖 3-4）。

2. 歇步雲接劍

①身體起立微右轉，以體後仰抬頭；同時左手持劍，臂先內旋再外旋，使劍尖向左擺動，隨之使劍向前、向右、向後、向左在面上平雲一周，劍身平置於頭前，左手心向上，劍尖向左，高與頭平；右劍指向右、向下擺於右胯旁，手心向下。目視劍身（圖 3-5）。

②身體微左轉，左腳經右腳後向右插步，兩腿交叉，

屈膝全蹲成歇步；同時左手
持劍，下落於腹前，手心向
上；右手從劍柄下接握劍
柄，手心向上。目視劍尖
（圖3-6）。

3. 右戳腳步刺劍

身體稍起，左腳向前跨
步，右腳向前拖步跟進成右
戳腳步；同時右臂內旋，左
手在右手後換握劍柄，兩手
拇指一側向上持劍，向前立
劍刺出，劍高與胸平。目視
劍尖（圖3-7）。

圖 3-5

4. 弧行步右撩劍

① 重心後移，身體右轉，右腿屈膝下蹲，左腳尖點地
成左虛步；同時左手變劍指，扶於右腕部；右手持劍，向右
上方帶劍於頭右前方，拇指一側向下。目視劍身（圖3-
8）。

圖 3-6

圖 3-7

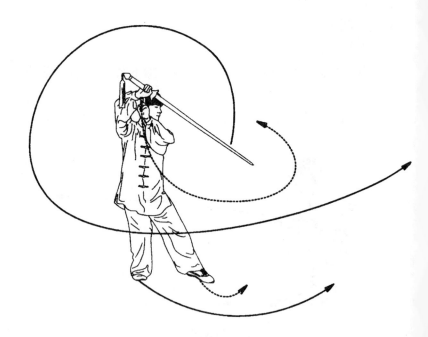

圖 3-8

圖 3-9

② 左腳向右前方弧形上步，身體左轉，隨之右腳向前弧形上步成右弓步；同時左劍指向下、向前、向上、向左屈肘架於頭左前上方，拇指一側向下；右手持劍，向下、向後、向下，用小指一側劍刃向前弧形撩出，右臂微屈，小指一側向上，劍高與肩平。目視劍身（圖3-9）。

5. 弧行步左撩劍

① 身體微左轉，右腳向左前弧形上步，腳尖外展；同時右手持劍，向左上方帶劍於身前，手心向後，左劍指扶於右腕部，拇指一側向下。目視劍身（圖3-10）。

② 身體右轉，左腳向前弧形上步成左弓步；同時左劍指仍扶於右腕部，右手持劍，使劍向上、向左、向下，用小指一側劍刃向前弧形撩出，右臂伸直，小指一側向上，劍高與肩平。目視劍身（圖3-11）。

6. 右戳腳步點劍

① 身體微左轉再右轉，右腳經左腿後向左插步，右腳跟抬起；同時右手持劍，臂外旋，使劍尖向下、向後、向上

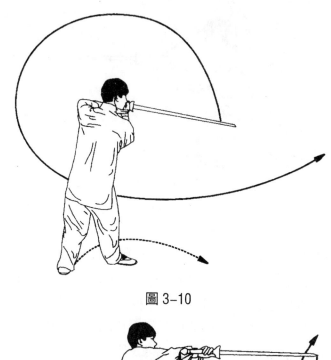

圖 3-10

圖 3-11

畫弧擺動，右手心向下，劍尖向左，左劍指仍扶於右腕部。
目視劍身（圖 3-12）。

　　②身體左轉，左腳向前跨步，隨之右腳拖步向前跟進
成右戳腳步；同時右手持劍，臂外旋，使劍尖向上、向右、

圖 3-12

圖 3-13

向前下方點劍，右手拇指一側向上，劍尖高與胸平；左劍指
向下、向左、向上弧形繞環屈肘，橫架於頭左上方。目視劍
尖（圖 3-13）。

7. 歇步右截劍

①身體立起，微右轉；同時
左手在右手後接握劍柄，隨之兩手
持劍；右臂外旋，使劍向右揮擺於
身體右側，劍身平置，劍尖向右。
目視劍身（圖3-14）。

②身體微左轉後仰；同時兩
手持劍，右臂內旋，使劍向後、向
上、向左弧形繞環，劍尖向後上
方。目視劍身（圖3-15）。

③身體微右轉，右腳向前上
步，腳尖外展，兩腿全蹲成歇步；

圖3-14

同時兩手持劍，使劍繼續向前、向右下方截劍，右手心向
下，左手心向上，劍身平置，劍尖稍斜下垂，劍尖高與膝

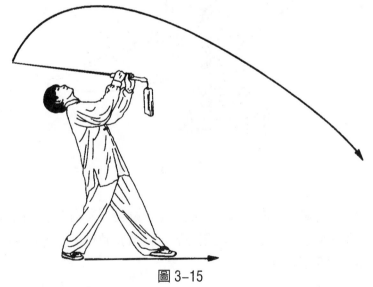

圖3-15

平。目視劍身（圖
3-16）。

8. 右戳腳步推劍

① 身體起立，
向左轉體；同時兩手
持劍，使劍身前部拇
指一側劍刃向左上方
截劍，劍尖向左前上
方。目視劍身（圖
3-17）。

圖 3-16

② 身體微右轉再左轉，左腳向左前跨步，隨之右腳拖
步向前跟進成右戳腳步；同時右臂外旋，兩手持劍，使劍身
前部向後、向右畫弧，隨之向左前方推劍，力達小指側劍刃
中部，劍尖斜向右前方，高與胸平。目視劍身（圖 3-
18）。

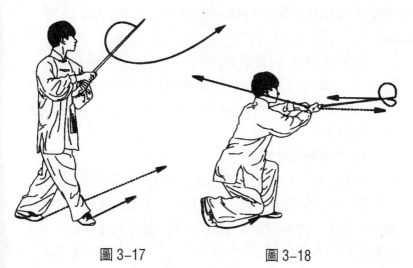

圖 3-17　　　　　　圖 3-18

螳
螂
拳

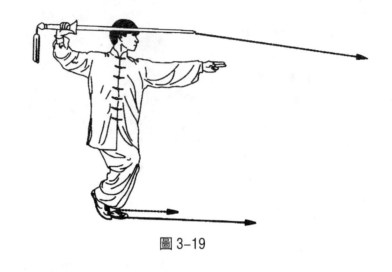

圖3-19

9. 左戳腳步反刺劍

①身體右轉，右腳屈膝提於左小腿內側；同時右手持劍，臂內旋，使劍尖向上、向左、向下、向右逆時針繞一小圈向後帶於右耳旁，劍尖向左前方，拇指一側向下；左手變劍指，向左前方指出，拇指一側向上。目視左前方（圖3-19）。

②身體左轉，右腳向前跨步，左腿拖步向前跟進成左戳腳步；同時右手持劍，向前反刺，劍尖向前，拇指一側向下，劍尖高與肩平；左劍指扶於右腕部，手心向右。目視劍尖（圖3-20）。

10. 叉步腕花點劍

身體左轉，右腳尖內扣，隨之左腳經右腿後向右插步，左腳跟抬起；同時右手持劍，以腕關節為軸，使劍尖向下、向左、向上、向右沿右臂內側畫立圓，隨之向下點劍，劍尖與胸同高；左劍指向下、向左、向上畫弧屈肘舉於頭左前上方，拇指一側向下。目視劍尖（圖3-21）。

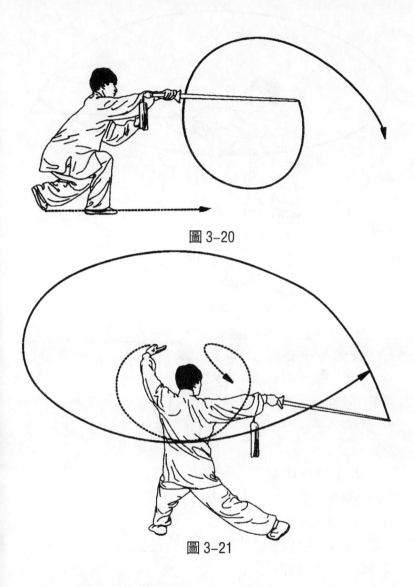

圖 3-20

圖 3-21

11. 轉身半馬步雲刺劍

① 以右腳跟左腳掌為軸，向左後轉體 270°成左高虛步；同時左劍指向下，隨轉體平擺畫弧，隨之扶於右腕部，

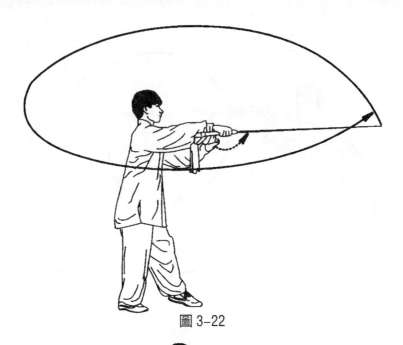

圖 3-22

右手持劍，手心向下、向左平擺一周於身前，高與肩平。目視劍身（圖3-22）。

圖 3-23

②上體後仰；同時左劍指內旋，向前、向左伸出，拇指一側向下；右臂內旋再外旋，右手持劍，用小指一側劍刃向左、向後、向右、向前在面上平雲一周，右手心向上，劍尖向前，高與鼻平。目視劍尖（圖3-23）。

③兩腿屈膝下蹲成左虛步；同時右手持劍，向下壓劍

圖 3-24

圖 3-25

於身前，右手心向上，高與胯平；左劍指收於右手背下，手心向上。目視劍尖（圖 3-24）。

　　④ 右腳蹬地，左腳向前進步，隨之右腳向前跟進成半馬步；同時右手持劍，向前刺出，右手心向上，劍身平置，高與胸平；左劍指仍扶於右手背。目視劍尖（圖 3-25）。

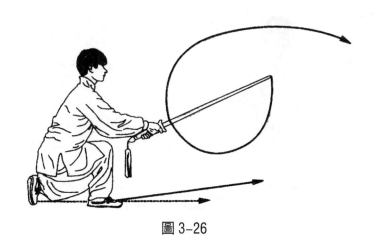

圖 3-26

12. 左戳腳步腕花劈劍

右腳向前跨步，隨之左腳拖步向前跟進成左戳腳步；同時右臂外旋再內旋，右手持劍，以腕為軸，使劍尖向下、向後、向上沿右臂外側繞環，左劍指在右手持劍腕花時向前指出，隨之雙手持劍向前下劈出，劍尖高與胸平。目視劍身（圖3-26）。

13. 插步腕花劈劍

左腳向前上步，腳尖內扣，隨之身體右轉，右腳經左腿後向左插步，右腳跟抬起，兩腿交叉屈膝下蹲；同時右手持劍，以腕為軸，使劍尖向下、向右、向上沿右臂外側繞環，左手變劍指前伸，隨之右手持劍，向左下劈劍，左劍指再扶於右腕部，劍尖向左上方，高與胸平。目視劍身（圖3-27）。

14. 轉身左戳腳步斬劍

① 以左腳跟、右腳掌為軸，身體右後轉180°成右虛步；同時右臂內旋，兩手持劍，使劍向右平擺半周，右手心向下，劍身平置，劍尖向左，高與腰平。目視劍身（圖3-

圖 3-27

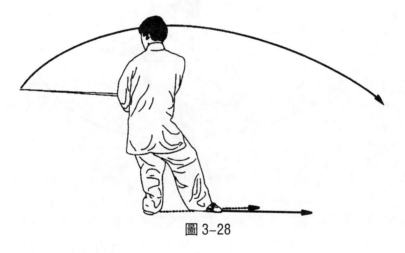

圖 3-28

28）。

　　② 身體繼續右轉 90°，右腳向前跨步，隨之左腳拖步向前跟進成左戳腳步；同時兩手持劍，向右斬劍，右手心向下，劍身高與腰平。目視劍身（圖 3-29）。

15. 左戳腳步絞刺劍

　　兩手持劍，使劍尖向右、向上、向左、向下絞一小圈；

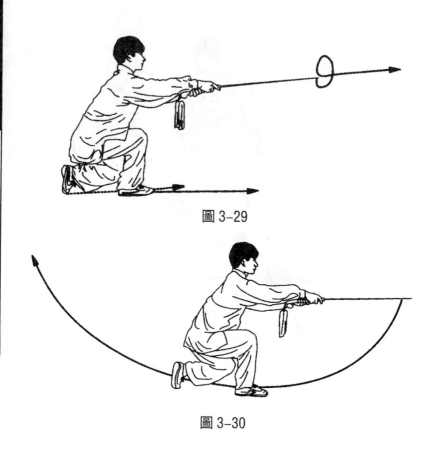

圖 3-29

圖 3-30

隨之右腳向前跨步，左腳拖步向前跟進成左戳腳步；同時兩
手持劍，向前平劍刺出，右手心向下，劍尖高與胸平。目視
劍尖（圖3-30）。

16. 左右撩併步點劍

① 右腳尖內扣，左腳尖外展，身體左後轉成左弓步；
同時兩手持劍，右臂外旋，隨轉體使劍向下、向前撩出，右
手小指側劍刃向上，高與肩平。目視劍身（圖3-31）。

② 下肢步型不動，身體微左轉再微右轉；同時兩手持
劍，使右手小指一側劍刃向上、向後經體左側下劈，隨之右

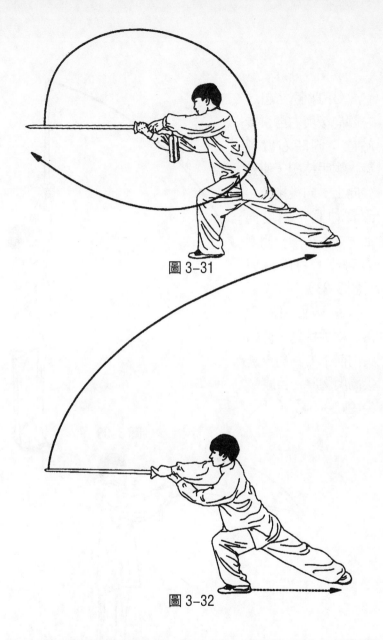

圖 3-31

圖 3-32

螳螂拳

臂內旋，使劍向前上撩出，右手小指一側劍刃向上，高與肩平。目視劍身上刃（圖 3-32）。

③ 身體立起，左腳向後與右腳併步站立；同時右臂外旋，兩手持劍，使劍尖向上、向後挑起，兩臂伸直，劍尖向上，右手小指一側劍刃向前。目視前方（圖3-33）。

④ 兩臂屈肘下落，兩手持劍，使劍尖向前下方點劍，劍尖高與胸平。目視劍尖（圖3-34）。

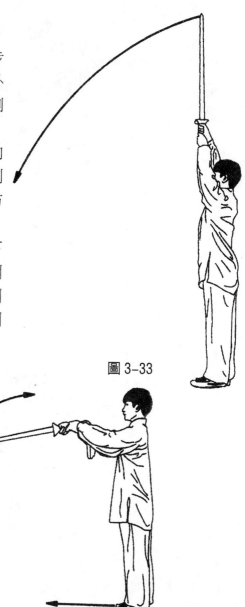

圖3-33

圖3-34

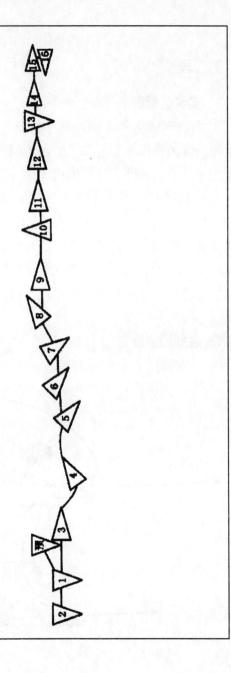

初級螳螂劍第一段動作路線示意圖

第二段

17. 叉步雲斬劍

① 右腳向前上步；同時右手持劍，臂外旋，使劍由身前平擺於身體右側，手心向上，劍尖向右，高與胸平；左手變劍指，扶於右腕部。目視劍尖（圖 3-35）。

② 上體後仰左傾並左轉 90°，右腳尖內扣，左腳經右腿後向右插步，右腿屈膝下蹲，左腿伸直，腳跟抬起，兩腿交叉成叉步；同時右手持劍，臂內旋，使劍向後、向左、向右雲劍斬出，右手心向下，劍尖向右，高與肩平；左劍指向左上方擺起屈肘，在頭左前上方亮指，拇指一側向下。目視劍身（圖 3-36）。

18. 左翹腳步推劍

① 以右腳跟、左腳掌為軸，身體左後轉體 180° 成左虛

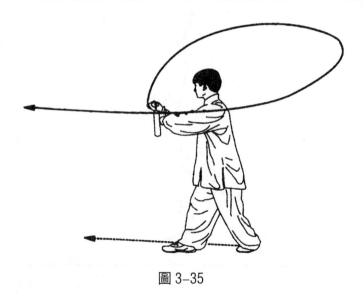

圖 3-35

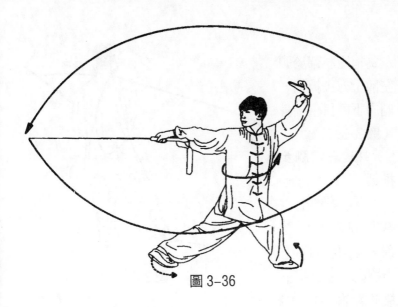

圖 3-36

步；同時右手持劍，手心向下，隨
轉體向左平擺一周，劍身平置，劍
尖向左，高與肩平；左劍指隨轉體
向左畫弧移動，隨之扶於右腕部。
目視劍身（圖3-37）。

圖 3-37

　②上體後仰微右轉；同時右
手持劍，臂外旋，使劍身前部向
上、向後、向右在面前上方畫弧繞
環於身體右側，右手收於腹前，手
心向左上方，劍尖斜向右上方；左
劍指仍扶於右腕部。目視劍身（圖
3-38）。

　③身體左轉，左腳向左前上步成左翹腳步；同時右手
持劍，向左前推出；手心向上，劍身平置，劍尖向右前方；

螳螂拳

左劍指屈肘架於頭左前上方，拇指一側向下。目視劍身（圖3-39）。

19. 右翹腳步推劍

① 身體微右轉；同時右手持劍，使劍尖向右上方擺動；左劍指下擺於胸前，手心向下。目視劍身（圖3-40）。

圖3-38

② 上體後仰微左轉；同時右手持劍，臂內旋，使劍身前部向後、向左在面前右上方畫弧繞環於身體左側，右手收於腹前，手心向左下方，劍尖斜向左上方；左劍指扶於右腕

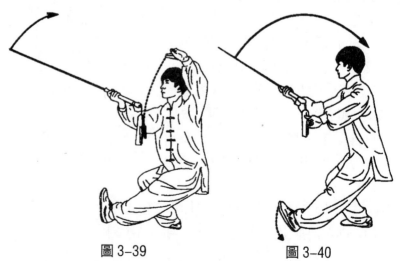

圖3-39　　　　　　　　圖3-40

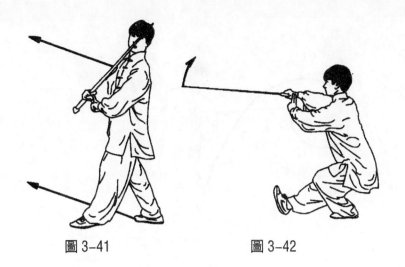

圖 3-41　　　　　圖 3-42

部。目視劍身（圖 3-41）。

　　③ 身體右轉，右腳向右前上步成右翹腳步；同時右手
持劍，向右前推出，手心向下，劍身平置，劍尖向左前方；
左劍指仍扶於右腕部。目視劍身（圖 3-42）。

20. 右虛步絞劈劍

　　① 身體微右轉，同時左手在右手後接握劍柄，兩手持
劍，使劍尖向右擺動，右手心向下，劍身平置，劍尖向左。
目視劍尖（圖 3-43）。

　　② 身體先微左轉，後微右轉，再微左轉，右、左腳相
繼向後各退一步，成右虛步；同時兩手持劍，使劍尖向下、
向左、向上、向右絞劍一周，隨之向左後下方斜劈，劍身斜
下垂，劍尖斜向右下方。目視劍身（圖 3-44）。

21. 右下截劍

　　身體微左轉再微右轉，右腳向前移步，腳尖外展，兩腿
稍屈交叉；同時左手變劍指，向左、向前、向右畫一小弧再
扶於右腕部；右手持劍，臂先外旋再內旋，使劍尖向上、向

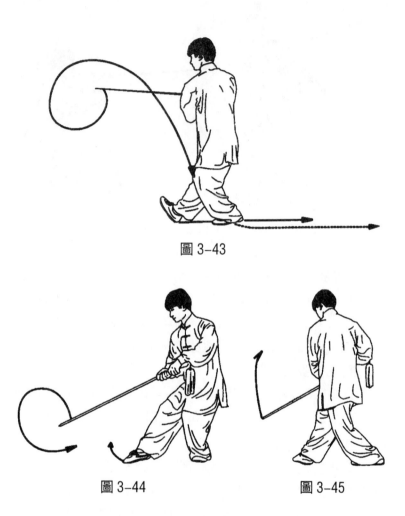

圖 3-43

圖 3-44　　　　　　　　　圖 3-45

左、向右下方截劍，右手心向後下方，劍尖斜向左前下方。目視劍身（圖3-45）。

22.馬步腕花反撩劍

①右臂外旋，右手持劍坐腕，使劍尖向上崩劍。目視劍尖（圖3-46）。

②右手持劍，臂外旋再內旋，以腕為軸，使劍尖向

下、向後、向上、向前沿右
臂外側畫弧繞環一周，右手
拇指一側向上；左劍指仍扶
於右腕；隨之左腳屈膝提於
右踝內側。目視劍尖（圖
3-47）。

　③身體右轉，左腳在
身體左側落步，腳尖內扣，
隨之兩腿屈膝半蹲成馬步；
同時右手持劍，反臂使劍向
右側撩劍，拇指一側向下，

劍尖向右，高與肩平；左劍指向左上畫弧亮指於頭左前上
方。目視右側（圖3-48）。

23. 右戳腳步推劍

　①身體左轉90°，右腳向前上步，腳尖外展；同時右手

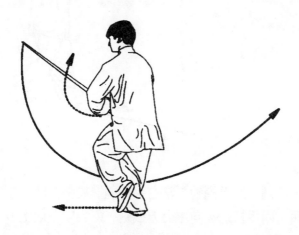

圖 3-47

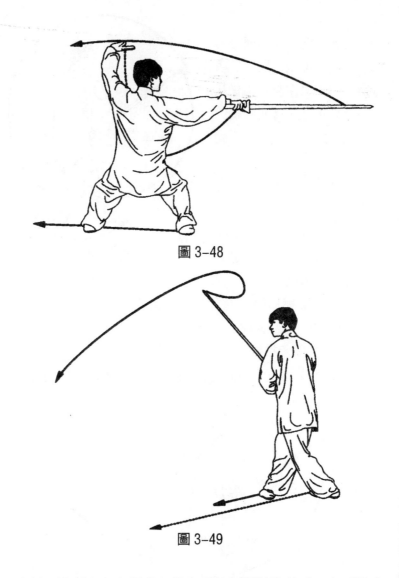

圖 3-48

圖 3-49

持劍，使劍向左上擺動；當右手持劍擺於胸前時，左手隨之
握劍柄，兩手持劍，向左上方截劍，劍尖向左前上方。目視
劍尖（圖 3-49）。

　②身體微右轉再微左轉，左腳向左前方跨步，隨之右

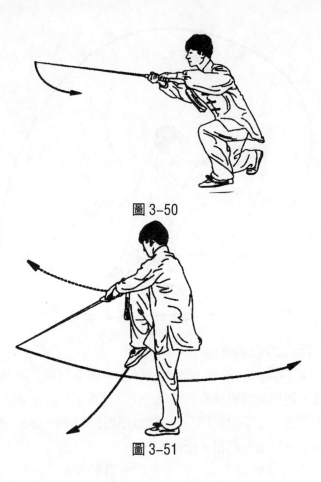

圖 3-50

圖 3-51

腳拖步向前跟進成右戳腳步；同時兩手持劍，右臂外旋，使劍尖向後、向右畫弧，隨之向左前方推出，右手心向上，劍尖向右前方，高與胸平。目視劍身（圖 3-50）。

24. 右提膝下截劍

身體右轉，左腿伸直站立，右腿屈膝高提；同時兩手持劍，右臂內旋，使劍向右下方截劍，右手心向後下方，劍尖斜向右前下方。目視右前下方（圖 3-51）。

圖3-52

25. 上步左右掛劍

① 右腳向前落步，腳尖外展，身體微右轉；同時右手持劍，使劍向後擺於身體右後下方，右手心向左，劍尖斜向右後下方；左手變劍指向左前上方指出，拇指一側向上，高與頭平。目視左劍指（圖3-52）。

② 左腳向前上步，腳尖外展，身體左轉；同時右臂外旋再內旋，右手持劍，使劍尖向上、向前、向左下方掛劍，右手心向後，劍尖斜向左下方；左劍指向下、向左、向上、向右畫弧扶於右腕部。目視劍尖（圖3-53）。

③ 右手持劍，繼續使劍尖向上；隨之身體右轉，右腳向前上步，腳尖外展；同時隨體轉右手持劍臂外旋，繼續使劍尖向前、向右下方掛劍，右手心向前，劍尖斜向右下方；左劍指向左、向上、向前畫弧擺動直臂伸於左上方。目視劍尖（圖3-54）。

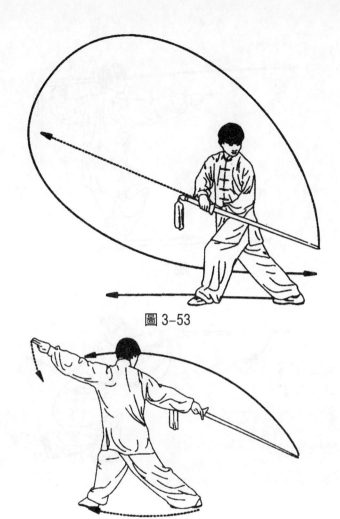

圖 3-53

圖 3-54

26. 右戳腳步反刺劍

①右臂屈肘，右手持劍，使劍向上、向左帶回於右耳側，右手拇指一側向下，劍尖向左；左劍指下落與肩同高；隨之左腳抬起收於右踝內側。目視左側（圖 3-55）。

圖 3-55

圖 3-56

②身體左轉，左腳向前跨步，隨之右腳拖步向前跟進
成右戳腳步；同時右手持劍，向前反臂刺出，拇指一側向
下，劍身高與肩平；左劍指隨之扶於右腕。目視劍尖（圖
3-56）。

27.退步左右抹劍

①身體稍起，向左轉體；同時右手持劍臂外旋，使劍
向左平抹，右手心向上，劍身平置，高與肋平；左劍指向

圖 3-57

左、向後平擺於身體左後方，拇指一側向下。目視劍身（圖3-57）。

②身體右轉，右腳跟踏實，重心移於右腿，左腳向後退步，左腳跟抬起；同時右手持劍臂內旋，使劍向右平抹，右手

圖 3-58

心向下，劍身平置，高與肋平；左劍指向前、向右擺動扶於右腕。目視劍身（圖3-58）。

28. 叉步反撩劍

①右腳向後退步；同時右手持劍臂內旋，使劍向上、向後帶回架於頭右側上方，拇指一側向下，劍身斜垂，劍尖向前下方，左劍指收於右肩前，劍指向上。目視前方（圖

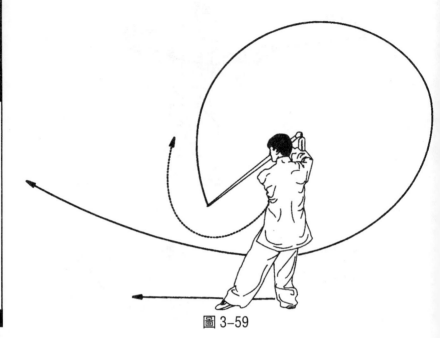

圖 3-59

3-59）。

　　②身體右轉再左轉，隨之右腳向前上步成右弓步；同時右手持劍，向右側劈劍，隨上步右臂外旋向前撩劍，小指一側劍刃向上，劍身高與肩平；左劍指向下、向前、向上屈肘架於頭左上方，拇指一側向下。目視劍身（圖 3-60）。

　　③身體左轉成左弓步；同時右手持劍，向上、向前劈劍，拇指一側向上，劍尖向前，高與肩平；左劍指扶於右腕部。目視劍身（圖 3-61）。

　　④左腳向後插步，左腳跟抬起，左腿伸直，右腿屈膝半蹲成叉步；同時右手持劍，向下、向後反撩於身體右後下方，拇指一側向下，劍尖向後斜下方；左劍指向上架於頭左上方。目視劍尖（圖 3-62）。

圖 3-60

圖 3-61

29. 蓋步崩劍

①身體右轉，左腳向左上步，左腿稍屈下蹲，右腳稍左移成右虛步；同時右手持劍，使劍向上、向左帶劍，手心向後，劍尖向右，高與鼻平；左劍指扶於右腕部。目視劍身

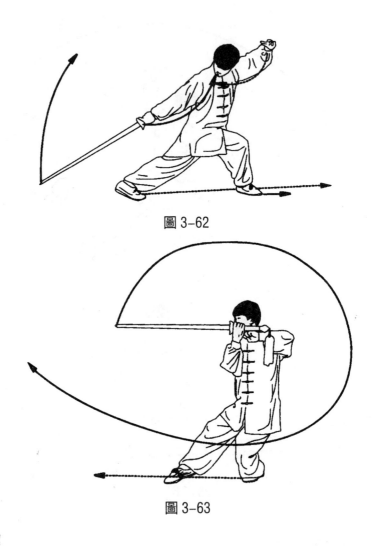

圖 3-62

圖 3-63

（圖 3-63）。

　　②身體微左轉再右轉，右腳跟落地踏實，隨之左腳向前蓋步，左腳尖外展，兩腿屈膝半蹲；同時左手接握劍柄，兩手持劍，使劍尖向上、向左、向下、向前上崩劍，劍尖斜

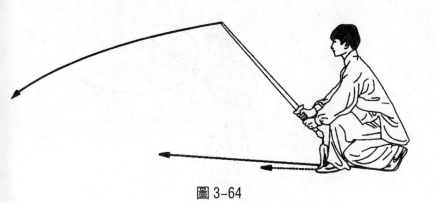

圖 3-64

圖 3-65

向前上方。目視劍尖（圖 3-64）。

30. 左戳腳步點劍

右腳向前跨步，左腳隨之拖步向前跟進成左戳腳步；同時兩手持劍，使劍向前下方點劍，兩手拇指一側向上。目視劍尖（圖 3-65）。

31. 右戳腳步推劍

①身體左轉 90°，左腳經右腿後向右插步，左腳跟抬

圖 3-66

起；同時兩手持劍，
使劍向上、向左上截
劍，右手心向左前下
方，劍尖向左前上
方。目視劍身前部
（圖 3-66）。

②身體繼續左
轉 90°，右腳向後退
步成右截腳步；同時
兩手持劍，右臂外
旋，使劍尖向左、向
後、向右繞環，隨之

圖 3-67

向前方推劍，右手心向上，劍身斜置於身前，小指側劍刃向
左前方，高與胸平。目視劍身（圖 3-67）。

圖 3-68

32. 虛步背劍

①左手變劍指，扶於右腕；右手持劍，以腕為軸，右臂外旋再內旋，使劍尖向下、向後、向上、向前、向下沿右臂外側繞環腕花，右手拇指一側向上，劍尖向前。目視劍尖（圖3-68）。

圖 3-69

②右腳跟踏實，身體右後轉體180°，右腳尖外展，左腳跟後蹬成右弓步；同時右手持劍臂內旋，手心向下收於胸前；隨之左手手心向下接握劍護手，左手食指伸直扣壓於劍柄上，左手持劍，直臂前伸，右手變劍指，收於右腰側，手心向上。目視劍柄（圖3-69）。

螳螂拳

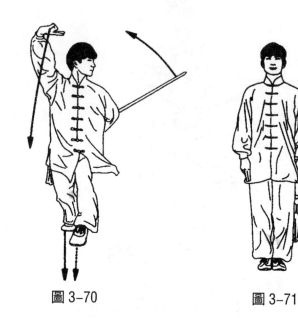

圖 3-70　　　　　　　　　　圖 3-71

③身體左轉，左腳向右前移步，腳尖點地，右腿屈膝半蹲成左虛步；同時左手持劍，向左、向後收於背後，左臂屈肘，使劍斜背於身體左側，劍尖斜向左上方；右劍指向下、向右、向上屈肘亮指於頭右前上方，拇指一側向下。目視左側（圖 3-70）。

收勢：併步持劍

身體起立，左腳向前上步，隨之右腳向左腳併步站立；同時左手持劍，下垂於體左側，手心向後，劍尖向上；右劍指下垂於體右側，手心向後。目視前方（圖 3-71）。

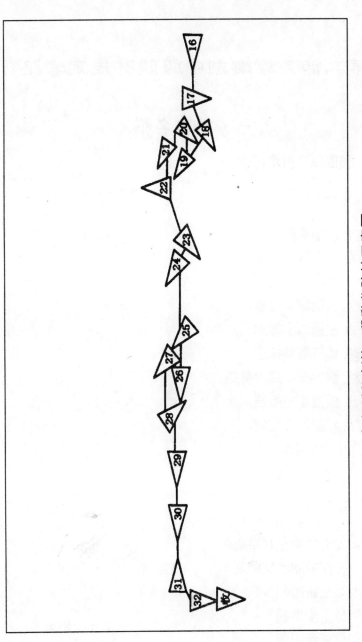

初級螳螂劍第二段動作路線示意圖

第二節　螳螂劍中級競賽規定套路

一、動作名稱

預備勢：併步持劍

第一段

1. 左虛步抱劍
2. 右戳腳步刺劍
3. 上步下截劍
4. 右戳腳步推劍
5. 左戳腳步推劍
6. 提膝旋轉抹劍
7. 跟步掛半馬步劈劍
8. 橫襠步雲斬劍
9. 震腳併步推劍
10. 上步架劍
11. 叉步下截劍

第二段

12. 上併步左右掛劍
13. 左戳腳步反刺劍
14. 左右撩劍
15. 丁步點劍
16. 蓋步崩劍

第三章　螳螂劍競賽規定套路

螳螂拳

第四段

39. 左弓步刺劍

40. 左右截腕劍

41. 弧行步右撩劍

42. 弧行步左撩劍

43. 左弓步點劍

44. 翻身撩叉步平斬劍

45. 轉身戳腳步推劍

46. 半馬步下截劍

47. 後跳步絞劈劍

48. 歇步上崩劍

49. 後跳步洗劍

50. 轉身雲接半馬步持劍

收勢：併步持劍

二、動作說明

　　螳螂劍中級競賽規定套路分為四段，共 50 個動作，其中包括戳腳步、翹腳步、弓步、馬步、半馬步、仆步、虛步、歇步、叉步、橫襠步、獨立步、丁步、併步 13 種步型；推、刺、點、崩、撩、截、掛、劈、雲、斬、絞、壓、抹、掃、帶、架、洗、挑、腕花 19 種劍法。

　　完成全套動作的時間 1 分 10 秒左右，脈搏最大強度 180 次 / 分左右。

圖 3-72   圖 3-73

預備勢：併步持劍

① 身體立直，併步站立；左手持劍，直臂垂於身體左側，左手食指伸直扣壓於劍柄上，劍脊貼於左臂後，劍尖垂直向上，手心向後；右手垂於身體右側，掌心向左。目視前方（圖 3-72）。

② 兩臂微屈肘上提，右手變劍指，按於右胯旁，劍指微內扣，手心向下。目視左側（圖 3-73）。

第一段

1. 左虛步抱劍

① 身體左轉 45°，右腳向右後撤步成左弓步；同時右劍指外旋，向左前方伸出，手心向上，高與肩平。目視右劍指（圖 3-74）。

② 身體右轉，重心右移，兩腿微屈站立，上體後仰；

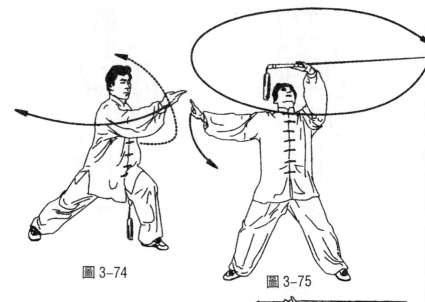

圖 3-74

圖 3-75

同時右劍指內旋，向右平擺於身體右側，手心向下，高與肩平；左手持劍向左、向前、向上、向右臂內旋舉於頭前上方，手心向上，劍身平置，劍尖向左。目視左手（圖 3-75）。

③左手持劍，以腕為軸，使劍在面上平雲一周，左手拇指一側向前，劍身平置，劍尖仍向左；右劍指向下、向

圖 3-76

後下擺於身體右後側，手心向下。目視劍身（圖 3-76）。

④右腿屈膝半蹲，左腳稍後移成左虛步；同時左手持劍，向下於胸前抱劍；右手在劍柄下接握劍柄，手心向上，

圖 3-77

圖 3-78

劍尖向左。目視劍尖（圖3-77）。

2. 右戳腳步刺劍

　　身體左轉，左腳向前跨步，隨之右腳拖步向前跟進成右戳腳步；同時左手變劍指，上架於頭左前上方，拇指一側向下；右手持劍，向前平劍刺出，手心向上，劍尖向前，高與肩平。目視劍尖（圖3-78）。

圖 3-79

3.上步下截劍

①身體稍起，微左轉；同時右手持劍，向左微帶，右手心向上，劍尖向右前方。目視劍身（圖 3-79）。

②右腳向前上步，腳尖外展，身體右轉；同時右手持劍，向右下方截劍，手心斜向後下方，劍尖向前下方；左劍指扶於右腕部，手心向下。目視劍身（圖 3-80）。

4.右截腳步推劍

①重心移於右腿，右腿稍屈站立，左腳抬起收於右踝內側；同時右手持劍，使劍向左上方截劍，力達拇指一側劍刃前部；左劍指仍扶於右腕。目視劍身前部（圖 3-81）。

圖 3-80

② 身體左轉，左腳向左前方跨步，隨之右腳拖步向前跟進成右戳腳步；同時左劍指屈肘上架於頭左前上方，拇指一側向下；右手持劍，使劍尖向後、向右畫弧，隨之向左前方推劍，手心向上，劍尖向右前方，力達劍身

圖 3-81

中部，劍高與胸平。目視劍身（圖 3-82）。

5. 左戳腳步推劍

身體右轉，右腳向右前方跨步，左腳拖步向前跟進成左戳腳步；同時右手持劍臂內旋，向右前方推劍，右手心向

圖 3-82

下，劍尖向左前方，劍高與胸平；左劍指扶於右腕部，手心向下。目視劍身（圖3-83）。

6. 提膝旋轉抹劍

① 左腳向前弧形上步，腳尖內扣，身體微右轉。目視劍身（圖3-84）。

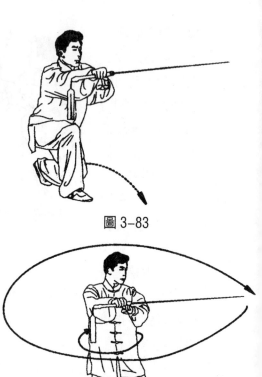

圖3-83

② 以左腳掌為軸，右腿屈膝提起，身體右後轉體約180°，隨之左腿伸直獨立，右腿屈膝高提；同時左劍指微屈肘，上架於頭左前上方；右手持劍，隨轉體向右平抹一周，劍高與腰平。目視劍身（圖3-85）。

圖3-84

7. 跟步掛半馬步劈劍

① 身體右轉，右腳在身前落步，隨之左腳向右腳後跟步，兩腿屈膝站立；同時右手持劍臂外旋，使劍向上掛劍於右耳側，手心向左，劍尖向後上方；左劍指扶於右腕部，手心向前下方。目視劍身（圖3-86）。

② 右腳向前上步，身體左轉，隨之左腳向右腳跟進成右半馬步；同時右手持劍，使劍劈於身體右側，劍尖斜向

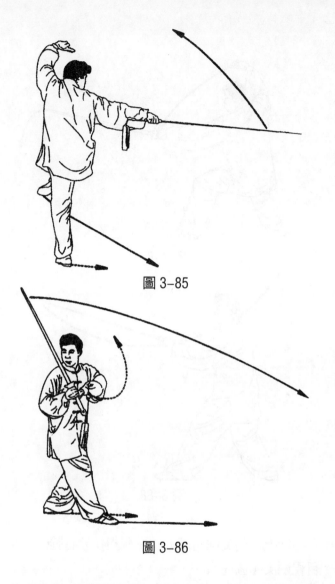

圖 3-85

圖 3-86

上；左劍指上架於頭左前上方，拇指一側向下。目視劍身
（圖 3-87）。

8. 橫襠步雲斬劍

①身體微右轉；同時右手持劍臂外旋，使劍尖向右擺

圖 3-87

圖 3-88

動，手心向上，劍尖向右前方；左劍指扶於右腕部，手心向下。目視劍尖（圖 3-88）。

②上體側後仰；同時右手持劍臂內旋，使劍向後、向左平雲半周，右手心向下，劍尖向左後方。目視劍身（圖 3-89）。

③左腳尖外展，右腳跟後蹬，身體左轉，成橫襠步；同時左劍指屈肘，上架於頭左前上方，拇指一側向下；右手

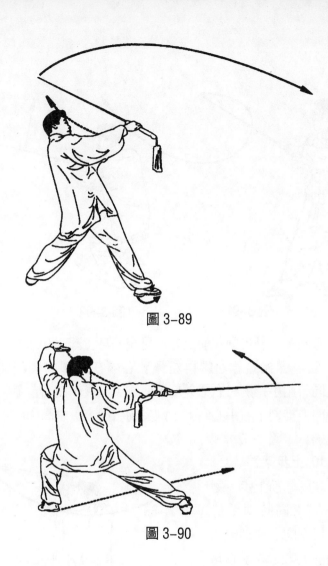

圖 3-89

圖 3-90

持劍，向右平斬，手心向下，劍尖向右，高與肩平。目視右側（圖 3-90）。

9. 震腳併步推劍

①身體右轉，左腳向左前方上步；同時右手持劍，向左後帶劍，隨之左手在右手後接握劍柄，兩手持劍於胸前，

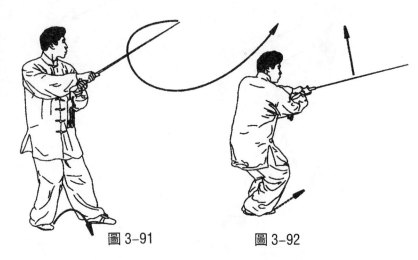

圖 3-91　　　　　　圖 3-92

右手心向下，劍尖向左前上方。目視劍身（圖 3-91）。

　　② 身體繼續微右轉再左轉，右腳在左腳內側踏地震腳；同時兩手持劍，右臂外旋，使劍尖向後、向右畫弧，隨之向前方推劍，右手心向上，劍尖向右前方，劍高與胸平。目視劍身（圖 3-92）。

10. 上步架劍

　　左腳向前上步，腳尖外展；同時兩手持劍，使劍向上立劍橫架於頭前上方，右手心向後，劍尖向右。目視劍身（圖 3-93）。

11. 叉步下截劍

　　① 身體左轉，右腳向右上步，腳尖內扣；同時兩手持劍，右

圖 3-93

圖 3-94

圖 3-95

臂內旋，使劍尖向後、向左擺動，右手心向下，劍尖向左。目視劍身（圖3-94）。

　　②左腳從右腿後向右插步，左腿伸直，腳跟抬起，右腿屈膝半蹲成叉步；同時兩手持劍，使劍向右下方截劍，右手心向下。目視右下方（圖3-95）。

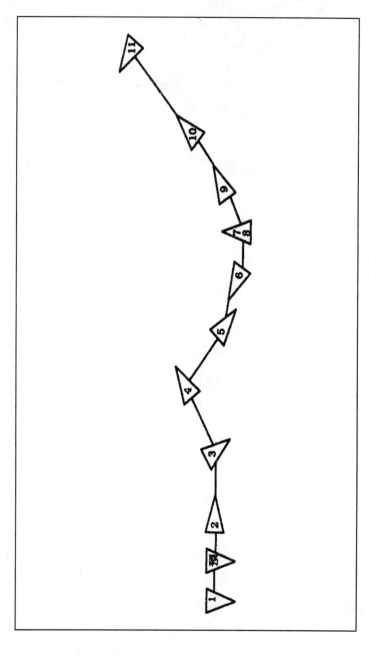

中級螳螂劍第一段動作路線示意圖

第二段

12. 上併步左右掛劍

①身體左轉，左腿屈膝提起；同時左手變劍指，向上、向前、向下擺動，隨之扶於右腕部；右手持劍臂外旋，使劍向上、向前、向下掛劍於身體左側，手心向右，劍尖向後下方。目視劍身（圖3-96）。

②左腳向前落步，隨之右腳向左腳併步，身體微右轉；同時右手持劍，使劍身前部向上、向前、向下掛劍於身

圖 3-96

圖 3-97

體右側，手心向右，劍尖向後下方；左劍指向前上方直臂指出，拇指一側向上，與右手劍成一直線。目視劍身（圖 3-97）。

13. 左戳腳步反刺劍

① 左腳向前上步；同時左劍指下落，向前平伸指出，拇指一側向上，高與肩平；右手持劍，屈肘沉腕，使劍尖向上、向前帶回，劍尖向前，手心向右，劍身高與耳平。目視劍尖（圖 3-98）。

② 身體微左轉，右腳向前跨步，隨之左腳拖步向前跟進成左戳腳步；同時右手持劍，反臂立劍向前刺出，高與肩平，右手拇指一側向下；左劍指扶於右前臂內側，劍指向上。目視劍尖（圖 3-99）。

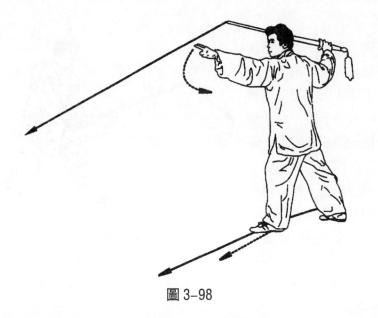

圖 3-98

圖 3-99

14. 左右撩劍

①左手在右手後接握劍柄，兩手持劍，右臂外旋，腰微左轉再微右轉，帶動兩手臂，使劍尖向左、向上、向右、

向下畫一小圈，然後
鬆腰沉胯，兩手坐腕
下沉，使小指一側後
部劍刃下壓，右手拇
指一側劍刃向上；隨
之左腳跟落地踏實，
兩腿屈膝下蹲。目視
劍尖（圖3-100）。

　　②左腿挺膝蹬
直成右弓步；同時兩

圖3-100

手持劍，使劍尖向前下點劍，劍尖高與胸平。目視劍尖（圖
3-101）。

　　③身體左後轉體，左腳尖外展，右腳尖內扣成左弓
步；同時兩手持劍，微下沉，使劍向下、向左，隨轉體右臂
外旋向前撩出，右手小指一側劍刃向上，高與肩平。目視劍
身（圖3-102）。

　　④身體左轉再右轉；同時兩手持劍，右臂內旋，隨轉

圖3-101

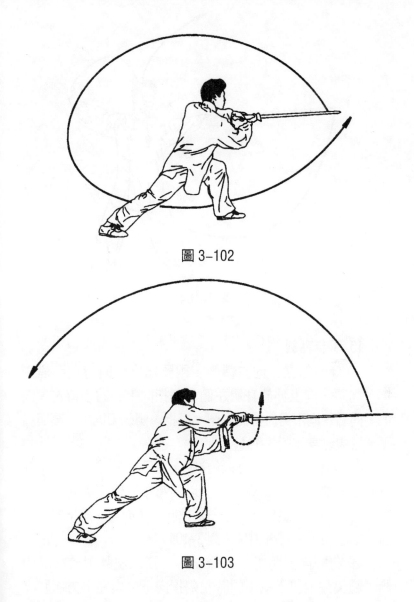

圖 3-102

圖 3-103

體使劍向上、向左、向下、向前撩出，右手小指一側劍刃向
上，高與肩平。目視劍身（圖 3-103）。

圖 3-104

15. 丁步點劍

① 身體起立，向右轉體，兩腿開立；同時左手變劍指，向下、向上伸於身體左側，劍指向上；右手持劍，向上、向右、向下劈於身體右側，拇指一側劍刃向上，高與肩平。目視劍身（圖 3-104）。

② 身體右轉，重心移於左腿，兩腿微屈成右虛步；同時右手持劍臂先外旋再內旋，以腕為軸，使劍尖向下、向後、向上腕花，劍尖向上；左劍指向上、向前、向下按於胸前，掌心向下。目視劍身（圖 3-105）。

③ 右腳向前跨步，身體左轉，隨之左腳跟於右腳內側，腳尖點地成丁步；同時左劍指向下、向左上方屈肘亮指，拇指一側向下；右手持劍，使劍尖向下點劍於身體右側，拇指一側向上，劍尖高與胯平。目視劍尖（圖 3-106）。

圖 3-105

16. 蓋步崩劍

　　① 左腳向右前上步，腳尖內扣，身體右轉，右腳跟抬起內扣成右虛步；同時右手持劍臂外旋，向左帶劍於身前，右手心向後，劍尖向右；左劍指扶於右腕部內側。目視劍身（圖3-107）。

　　② 重心右移，右腳踏實，左腳經右腿前向右蓋步，左腳尖外展，兩腿交叉半蹲；同時左劍指向下、向左上方屈肘亮

圖 3-106

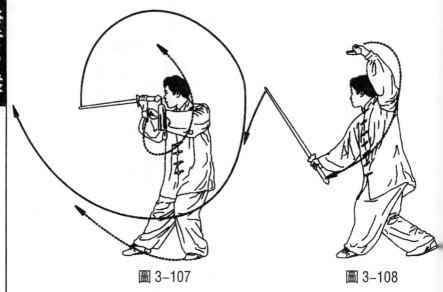

圖 3-107　　　　　　　圖 3-108

於頭左前上方，拇指一側向下，右手持劍臂內旋再外旋，使劍尖向上、向左、向右、向上崩劍，拇指一側向上。目視劍尖（圖3-108）。

17.半馬步絞壓刺劍

① 身體右轉；同時左手在右手後接握劍柄，兩手持劍，使劍尖向下移動，劍尖向前。目視劍尖（圖3-109）。

圖 3-109

② 腰部微右轉再微左轉，重心前移至左腿，左腿屈膝站立，右腳隨之抬起收於左踝內側；同時兩手持劍，右臂外

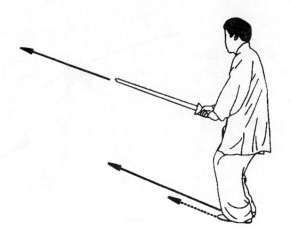

圖 3-110

旋再內旋,使劍尖向
右、向上、向左、向下
絞一小圓,隨之鬆腰沉
胯,兩手沉腕,向後下
壓劍,右手拇指一側向
上,劍尖向前。目視劍
尖(圖3-110)。

③ 右腳向前上
步,隨之左腳向前跟步
成右半馬步;同時兩手

圖 3-111

持劍,向前刺劍,右手拇指一側向上,劍尖向前,高與胸
平。目視劍尖(圖3-111)。

18.馬步下截劍

左腳向前方上步,腳尖內扣,兩腿屈膝半蹲成馬步,身
體右轉;同時兩手持劍,右臂內旋,使劍向右下方截劍,右

手拇指一側向前，劍尖
斜向右下方。目視劍身
（圖 3-112）。

19. 右戳腳步推劍

① 身體左轉，重
心移於右腿，右腿屈膝
半蹲，左腳稍後移成左
虛步；同時兩手持劍，
使劍身前部劍刃向左上
方截劍，劍尖向左上
方。目視劍身前部（圖 3-113）。

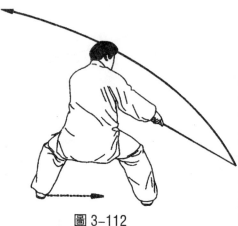

圖 3-112

② 左腳向左前方跨步，身體左轉，隨之右腳拖步向前
跟進成右戳腳步；同時左手變劍指，上架於頭左前上方，拇
指一側向下；右手持劍臂外旋，使劍尖向後、向右畫弧，隨
之用小指一側劍刃向左前方推劍，手心向上，劍尖斜向右前

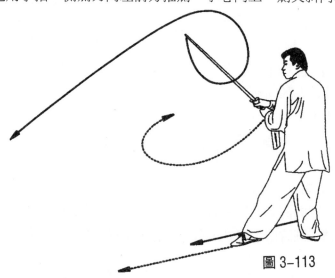

圖 3-113

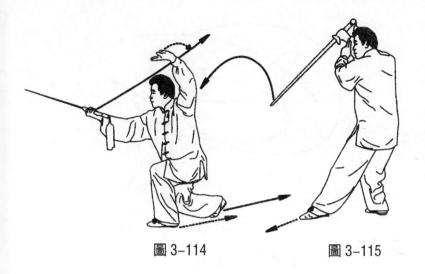

圖 3-114   圖 3-115

方，劍身高與胸平。目視劍身（圖 3-114）。

20. 左虛步帶劍

左腳蹬地，右腳向後跳步，身體右轉，隨之左腳向右後移步，兩腿屈膝下蹲，左腳尖點地成左虛步；同時右手持劍臂內旋，帶劍於右上方，右手拇指一側向下，劍尖斜向下垂；左劍指扶於右腕部。目視劍身（圖 3-115）。

21. 跳轉身雲斬劍

① 左腳向左移步，身體左轉，重心前移至左腿；同時右手持劍，手心向下，使劍尖向上、向左前方平穿，高與肩平。目視劍尖（圖 3-116）。

② 左腳蹬地，右腳前跳，右腳尖內扣，以右腳掌為軸向左後轉體 360°，左腿屈膝提起；同時左劍指隨轉體向左畫弧平擺於身前，左臂微屈，拇指一側向下；右手持劍臂內旋再外旋，使劍在面上雲劍一周，隨轉體繼續使劍向左弧形擺至右側，手心向上，劍尖向右，高與肩平。目視劍身（圖

圖 3-116

圖 3-117

3-117）。

　　③身體左轉，左腳向前跨步，隨之右腳拖步向前跟進成右戳腳步；同時左劍指屈肘上架於頭左前上方，拇指一側向下，右手持劍，向左前方斬劍，手心向上，劍身平置，劍

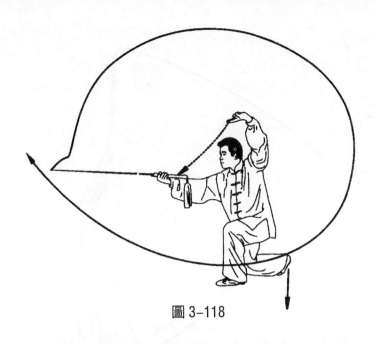

圖 3-118

尖向前，高與肩平。目視劍身（圖 3-118）。

22.左撩挑點劍

① 身體右轉，右腳向左後退步，右腳跟抬起；同時右手持劍，向右平擺，隨之左手在右手後接握劍柄，兩手持劍，右臂外旋再內旋，使劍向上、向後、向下、向前上撩劍，右手小指一側劍刃向上，高與肩平。目視劍身（圖 3-119）。

② 右腳跟踏實，身體立起，左腳尖點地成高虛步；同

圖 3-119

圖 3-120

時兩手持劍，右臂外旋，使劍尖向後上方挑劍，兩臂伸直，
劍尖向上，右小指一側向前。目視前方（圖 3-120）。

　　③ 右腳向前跨步，隨之左腳拖步向前跟進成左戳腳
步；同時兩手持劍，使劍尖向前下方點劍，右手拇指一側向
上，劍尖高與腹平。目視劍尖（圖 3-121）。

23. 右左撩挑劍

　　① 兩腳不動，身體右轉再左轉；同時兩手持劍，右臂
內旋再外旋，使劍向上、向下、向後、向前上撩劍，右手小
指一側劍刃向上，劍尖向前，高與肩平。目視劍身（圖 3-
122）。

圖 3-121

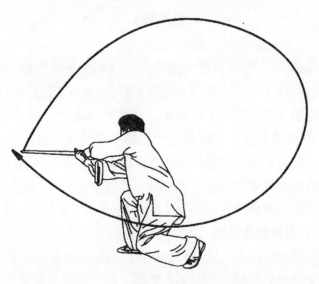

圖 3-122

螳螂拳

圖 3-123

②身體左轉再右轉；同時兩手持劍，右臂內旋，使劍
向上、向左、向下、向前上撩劍，右手小指一側劍刃向上，
劍尖向前，高與肩平。目視劍身（圖3-123）。

③身體立起，右腳蹬地，左腳向後跳步，隨之右腳稍
後移，腳尖點地，兩腿伸直站立成高虛步；同時兩手持劍，
右臂外旋，使劍尖向後上方挑劍，兩臂伸直，劍尖向上，小
指一側劍刃向前。目視前方（圖3-124）。

24. 左戳腳步點劍

右腳向前跨步，隨之左腳拖步向前跟進成左戳腳步；同
時兩手持劍，使劍尖向前下方點劍，右手拇指一側向上，劍
尖高與腹平。目視劍尖（圖3-125）。

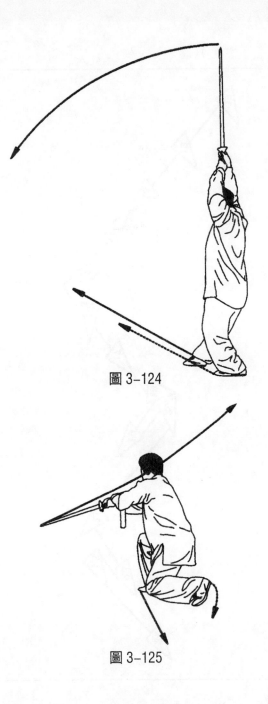

圖 3-124

圖 3-125

螳螂拳

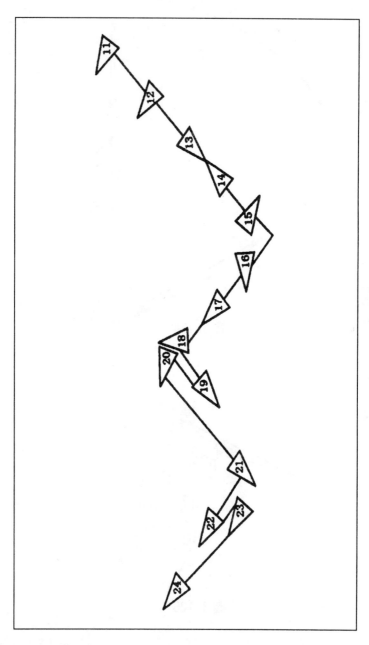

中級螳螂劍第二段動作路線示意圖

第三段

25. 左翹腳步推劍

① 身體立起，重心移於左腿，左腳跟落地，腳尖外展，左後轉體180°，隨之右腳向左前方上步；同時兩手持劍，隨轉體使劍身前部拇指一側劍刃向左上方截劍，劍尖向左上方。

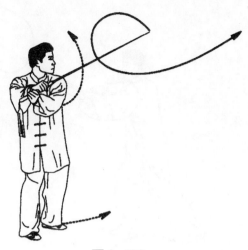

圖 3-126

目視劍身前部（圖 3-126）。

② 左腳向左前上步成左翹腳步，身體左轉；同時左手變劍指，屈肘上架於頭左前上方，拇指一側向下；右手持劍臂外旋，使劍尖向後、向右畫弧，隨之向左前方推劍，手心向上，小指一側劍刃向左前方，劍尖向右前方，劍高與肩平。目視劍身（圖 3-127）。

圖 3-127

圖 3-128

26. 右翹腳步推劍

①身體微右轉，左腳踏實，重心前移，左腿稍屈膝，右腿自然蹬直；同時右手持劍，使劍尖稍向右上擺動，手心向上；左劍指向下、向右下按，手心向下。目視劍尖（圖3-128）。

②身體微左轉再微右轉，右腳向右前方上步成右翹腳步；同時右手持劍臂內旋，使劍尖向後、向左畫弧，隨之向右前方推劍，左劍指扶於右腕部，右手心向下，劍尖向左前方，劍高與肩平。目視劍身（圖3-129）。

27. 右戳腳步推劍

①右腳踏實，重心前移，左腳抬起收於右踝內側，身體微左轉；同時右手持劍，使劍身前部拇指一側劍刃向左上方截劍，左劍指仍扶於右腕部，劍尖向左前上方。目視劍身前部（圖3-130）。

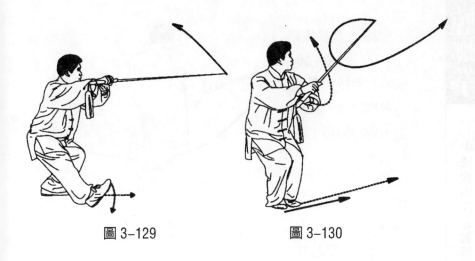

圖 3-129　　　　　　　　　圖 3-130

②右手持劍臂外旋，使劍尖向後、向右畫弧；隨之左腳向左前跨步，右腳拖步向前跟進成右戳腳步；同時右手持劍，向左前方推劍，手心向上，劍尖向右前方，劍身高與胸平；左劍指屈肘架於頭左前上方，拇指一側向下。目視劍身（圖 3-131）。

圖 3-131

螳螂拳

28. 左提膝撩劍

① 身體左轉；同時右手持劍臂外旋再內旋屈肘，使劍向上、向左劈劍，右手拇指一側向上，劍尖向左；左劍指扶於右腕部。目視劍身（圖3-132）。

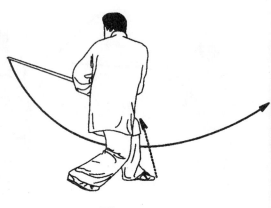

圖 3-132

② 身體右轉，左腿屈膝高提，腳尖繃直向下；同時右手持劍臂內旋，向下、向前、向上撩劍於左前下方，右手小指一側劍刃向前上方，劍尖向前下方；左劍指仍扶於右腕部。目視劍身（圖3-133）。

29. 上步左右下截劍

① 左腳向左前落步，身體微左轉；同時左劍指向左前擺於左肩前，拇指一側向下；右手持劍臂外旋，使小指一側劍刃向右、向後畫弧，隨之向左截劍，手心向前上方，劍尖向前下方。目視劍身前部（圖3-134）。

② 右腳向右前方上步，腳尖外展，

圖 3-133

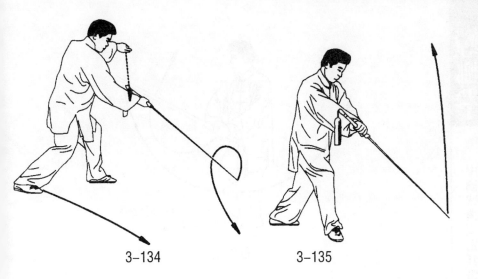

3-134　　　　　　　　　3-135

身體右轉；同時右手持劍臂內旋，使小指一側劍刃向左、向後畫弧，隨之向右截劍，手心向後下方，劍尖向前下方；左劍指向右扶於右腕部。目視劍身前部（圖3-135）。

30.馬步腕花反撩劍

① 右手持劍臂外旋坐腕，使劍尖向上崩劍。目視劍尖（圖3-136）。

② 右手持劍臂外旋再內旋，以腕為軸，使劍尖向下、向後、向上、向前，沿右臂外側繞環劈劍；隨之重心前移至右腿，右腿屈膝站立，

圖 3-136

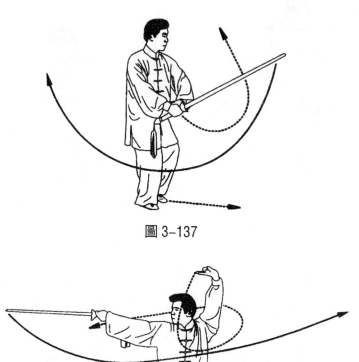

圖 3-137

圖 3-138

左腳抬起收於右踝內側。目視劍尖（圖3-137）。

③身體右轉90°，左腳在身體左側落地，兩腳尖內扣，兩腿屈膝半蹲成馬步；同時左劍指向下、向左、向上擺動亮指於頭左前上方，拇指一側向下；右手持劍，使小指一側劍刃向下、向右、向上撩出，劍尖向右，高與肩平。目視右側（圖3-138）。

圖 3-139

圖 3-140

31. 叉步抹斬劍

① 身體左轉；同時右手持劍臂外旋，隨轉體使劍向左帶抹於身體左前方，手心向上；左劍指屈肘向前、向下、向左擺動，手心向下，劍高與肋平。目視劍身（圖 3-139）。

② 身體右轉，左腳向右插步，兩腿交叉，右腿屈膝半蹲，左腿伸直，腳跟抬起成叉步；同時左手在右手後接握劍柄，兩手持劍，向右平斬，右手心向下，劍身高與腰平。目視劍身（圖 3-140）。

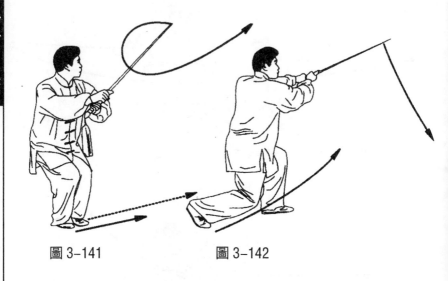

圖 3-141　　　　　圖 3-142

32.右戳腳步上推劍

①身體左轉，左腳抬起收於右踝內側；同時兩手持劍，使拇指一側劍刃前部向左上擺動截劍。目視劍身前部（圖3-141）。

②兩手持劍，右臂外旋，使劍尖向後、向右畫弧擺動；隨之左腳向左前跨步，身體左轉，右腳拖步向前跟進成右戳腳步；同時兩手持劍，向左前上方推劍，右手心斜向上，劍尖向右前上方，劍尖高與頭平。目視劍身（圖3-142）。

33.右提膝下截劍

身體右轉，右腿屈膝在身前高提，右腳尖繃直向下；同時兩手持劍，右臂內旋，使劍向右下方截劍，右手心向斜下方，劍尖向右前下方。目視前下方（圖3-143）。

34.右戳腳步劈劍

①右腳向前落步，腳尖外展，身體右轉；同時兩手持

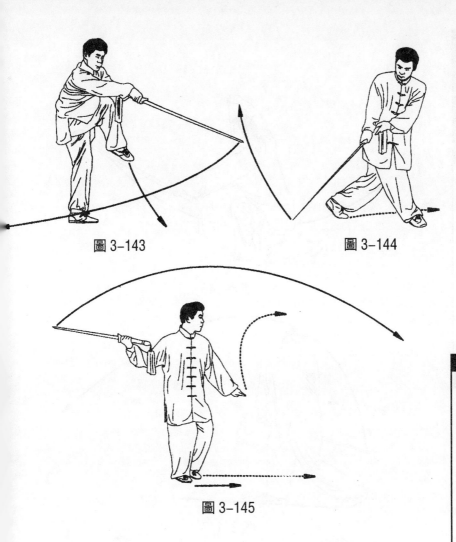

圖 3-143　　　　　　　　圖 3-144

圖 3-145

劍，向右後擺動，劍尖向右前下方。目視劍身（圖3-
144）。

　　②右手持劍，繼續向右後擺動，隨之臂外旋，使劍尖
向上擺於身體右後方，小指一側劍刃向上，左手變劍指，向
左擺於左胯旁；同時左腳抬起收於右踝內側。目視前方（圖
3-145）。

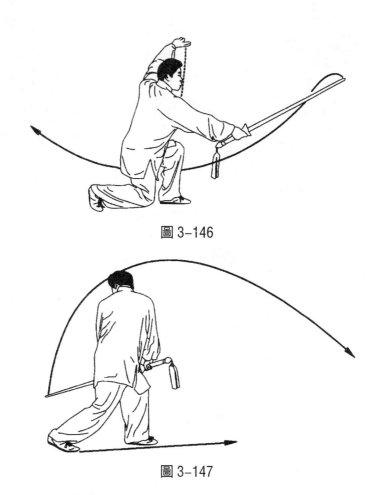

圖 3-146

圖 3-147

③ 身體左轉，左腳向前跨步，右腳拖步向前跟進成右戳腳步；同時右手持劍，向上、向前、向下劈劍，拇指一側向上，劍尖微上翹，高與肩平；左劍指向左、向上擺於頭左前上方亮指，拇指一側向下。目視劍身（圖 3-146）。

35. 歇步腕花劈劍

① 身體立起向左轉體，右手持劍臂內旋，用劍身前部

圖 3-148

拇指一側劍刃經身體左側向下、向左掛劍;左劍指向下扶於右腕部。目視劍身(圖 3-147)。

②右腳向右側上步;同時左劍指向下、向左擺於左胯旁,手心向下;右手持劍,向上、向右劈劍,拇指一側劍刃向上,劍身高與腰平。目視劍身(圖 3-148)。

③左腳經右腿後向右插步,兩腿屈膝下蹲成歇步;同時右手持劍臂內旋再外旋,以腕為軸,使劍尖向下、向左、向上繞環腕花,隨之向右劈劍,拇指一側劍刃向上,劍尖向右;左劍指向左、向上、向右按於右肩前。目視劍身(圖 3-149)。

36. 旋轉掃劍

以右腳跟、左腳掌為軸,兩腿全蹲,身體左後轉體 180°;同時左劍指拇指一側向下隨轉體向左平擺於身體左側;右手持劍臂外旋,手心向上,隨轉體向左平掃一周。目

圖 3-149

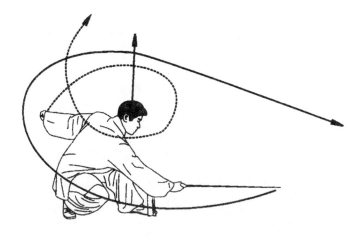

圖 3-150

視劍身（圖3-150）。

37. 轉身提膝截劍

身體立起，以左腳掌為軸，右腿屈膝提起，身體右後轉
體約135°；同時右手持劍臂內旋，手心斜向下，隨轉體向右

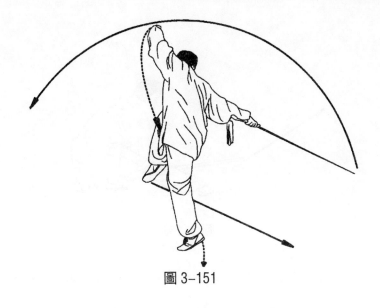

圖 3-151

旋轉截劍一周，劍身斜下垂；左劍指隨轉體屈肘擺於頭左前上方，拇指一側向下。目視劍身（圖 3-151）。

38. 左仆步壓劍

① 身體左轉，右腳向後落步；同時右手持劍臂外旋，使劍尖向上、向前擺動，隨之左手在右手後接握劍柄。目視劍身（圖 3-152）。

② 身體右轉，右腿屈膝半蹲，左腿伸直平仆成左仆步；同時兩手持劍，向

圖 3-152

螳螂拳

圖 3-153

下、向右後壓劍，拇指一側劍刃向上。目視劍身（圖 3-153）。

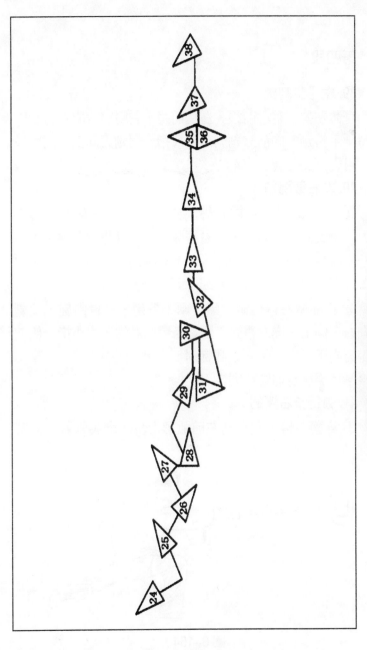

中級螳螂劍第三段動作路線示意圖

第四段

39. 左弓步刺劍

身體左轉，重心前移，左腿前弓，右腿蹬直成左弓步；同時兩手持劍，向前立劍刺出，拇指一側劍刃向上，高與肩平。目視劍尖（圖 3-154）。

40. 左右截腕劍

① 腰部微左轉再微右轉，兩手持劍，右臂內旋再外旋，使劍尖向左、向上、向右畫弧；隨之身體微左轉，用小指一側前端劍刃向下、向左、向上截腕劍，小指一側劍刃向上，高與肩平。目視劍身前端（圖 3-155）。

② 腰部微右轉再微左轉，兩手持劍，右臂內旋，使劍尖向右、向上、向左畫弧；隨之身體微右轉，用小指一側前端劍刃向下、向右、向上截腕劍，小指一側劍刃向上，高與肩平。目視劍身前端（圖 3-156）。

41. 弧行步右撩劍

① 身體右轉，左腳向右前弧形上步，腳尖外展；同時

圖 3-154

圖 3-155

圖 3-156

左手變劍指，順右臂內側收於右肩前，劍指向上；右手持劍，使劍上架於頭右上方，拇指一側向下。目視劍身（圖3-157）。

　②身體左轉，隨之右腳弧形向前上步成右弓步；同時右手持劍，向後、向下、向前、向上撩劍，小指一側劍刃向上，高與肩平；左劍指向下、向前、向上架於頭左前上方，

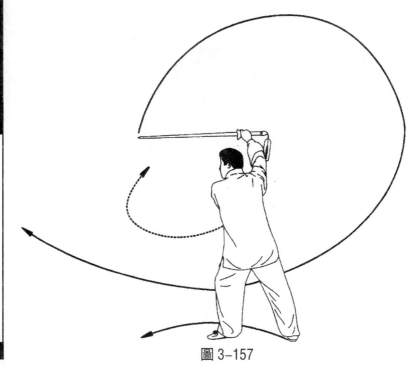

圖 3-157

拇指一側向下。目視劍上刃（圖3-158）。

42. 弧行步左撩劍

① 身體左轉，右腳向左前弧形上步，腳尖外展；同時左劍指下擺於左胯旁，右手持劍，向左上方帶劍，手心向後。目視劍身（圖3-159）。

② 身體右轉，隨之左腳弧形向前上步成左弓步；同時右手持劍，向後、向下、向前、向上撩劍，小指一側劍刃向上，高與肩平；左劍指向前扶於右腕。目視劍身（圖3-160）。

43. 左弓步點劍

① 身體微左轉再右轉，右腳經左腿後向左後插步，右腳跟抬起；同時右手持劍，使劍尖向下、向後、向上畫弧擺

圖 3-158

圖 3-159

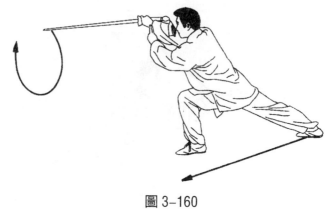

圖 3-160

於身前左側，劍尖斜向左上方，右手心向左下方；左劍指仍扶於右腕部。目視劍尖（圖 3-161）。

②左腳向左側上步，身體左轉成左弓步；同時左劍指向下、向左上方屈肘亮指於頭左前上方，拇指一側向下，右手持劍臂外旋，使劍尖向前下方點劍，拇指一側劍刃向前上方。目視劍尖（圖 3-162）。

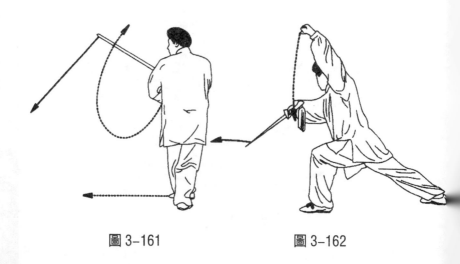

圖 3-161　　　　　　　圖 3-162

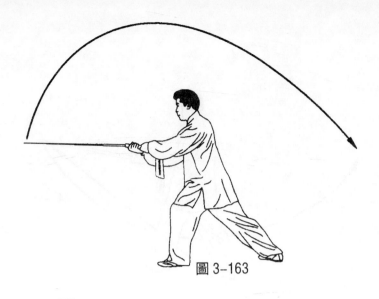

圖 3-163

44. 翻身撩叉步平斬劍

① 身體左轉；同時右手持劍臂外旋，手心向上，使劍尖向左擺動；隨之左手在右手後接握劍柄成兩手持劍。目視劍身（圖 3-163）。

② 身體右轉，重心右移，右腿稍屈站立；同時兩手持劍，右臂內旋，使劍向上、向右劈劍。目視劍身（圖 3-164）。

③ 右腿站立，上體向左上翻轉向右側傾成水平，隨之左腿屈膝向後、向上擺起高抬；同時兩手持劍，向下、向前、向上撩劍，小指一側劍刃向上，高與右肩平。目視劍身（圖 3-165）。

④ 身體右轉再左轉，上體左傾，左腿經右腿後向右插步，右腿屈膝半蹲，左腿伸直，腳跟抬起成叉步；同時左手變劍指，向下、向左、向上屈肘亮指於頭左前上方，拇指一側向下，右手持劍臂內旋，用小指一側劍刃向後、向左、向前經右上向右平斬，右手心向下，劍身高與肩平。目視右側

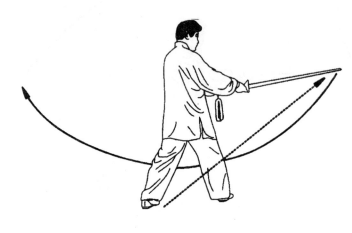

圖 3-164

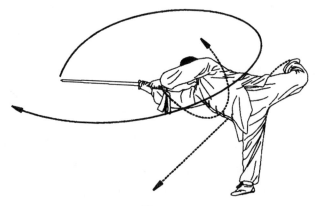

圖 3-165

（圖 3-166）。

45.轉身戳腳步推劍

　　① 以右腳跟、左腳掌為軸，身體左後轉體 180°成左虛步；同時右手持劍，手心向下，隨轉體使劍向左平擺一周，隨之用拇指一側劍刃前部向左上截劍；左劍指也隨轉體平擺

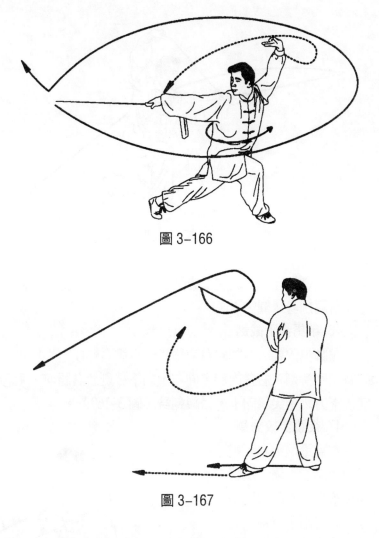

圖 3-166

圖 3-167

隨之扶於右腕部。目視劍身（圖 3-167）。

　　②身體左轉，左腳向前跨步，隨之右腳拖步向前跟進
成右戳腳步；同時右手持劍臂外旋，使劍尖向後、向右畫
弧，隨之向左前方推劍，手心向上，劍尖向右前方，劍高與

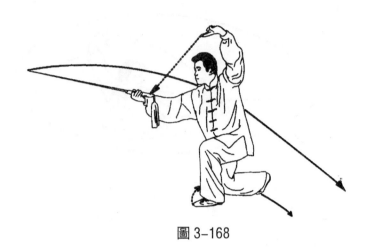

圖 3-168

胸平；左劍指向下、向左上方架於頭左前上方，拇指一側向下。目視劍身（圖 3-168）。

46. 半馬步下截劍

左腳尖內扣，右腳向右前移步，身體右轉成右半馬步；同時兩手持劍，右臂內旋，向右、向下截劍於右腿前，手心向後下方，劍尖斜向下。目視劍身（圖 3-169）。

47. 後跳步絞劈劍

左腳蹬地，右腳提起向後跳步；隨之左腳向後落步，兩腿微屈站立；同時兩手持劍，使劍向左、向上、向右用劍身後部絞劍，隨之用劍身後部小指一側劍刃向左下斜劈，手心斜向左上方，劍尖向右前

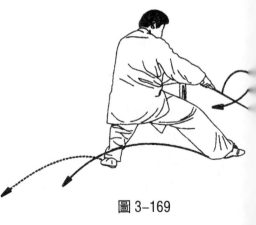

圖 3-169

圖 3-170

方。目視劍身（圖 3-170）。

48. 歇步上崩劍

① 身體左轉，右腳經左腿後向左插步，兩腿交叉，右腳跟抬起；同時兩手持劍，右臂外旋再內旋，向上、向左劈劍，右手拇指一側劍刃向上。目視劍身（圖 3-171）。

② 身體右轉，兩腿屈膝全蹲成歇步；同時左手變劍指，向下、向左、向上亮指於頭左前上方，拇指一側向下；右手持劍，向下、向前臂外旋坐腕向上崩

圖 3-171

螳螂拳

劍。目視劍法（圖
3-172）。

49. 後跳步洗劍

① 身體立起，
左腳向後退步；同時
右手持劍臂外旋，使
劍平置於腹前，手心
向上，劍尖向前；左
劍指向下扶於右腕
部。目視劍身（圖
3-173）。

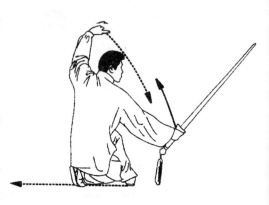

圖 3-172

② 左腳蹬地，右腳提起向後跳步，隨之左腿在身後抬
起，身體前俯吸腹；同時右手持劍，以腕為軸，使劍尖向
左、向後、向右畫弧，用小指一側劍刃貼進腹部洗劍，劍尖
向後下方；左劍指臂內旋，向後、向左擺於身體左側，左手
反臂，手心向上。目視劍身（圖 3-174）。

圖 3-173

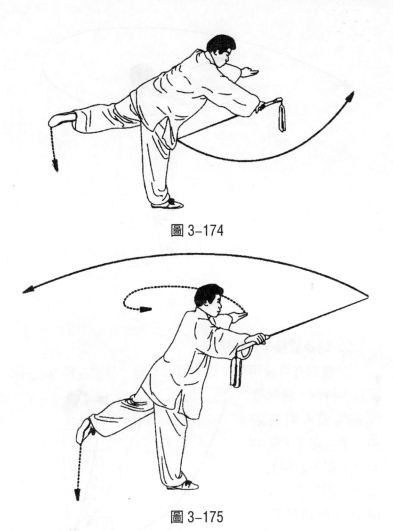

圖 3-174

圖 3-175

　　③上體稍起，左腿稍下落；同時右手持劍，使劍尖繼續向右擺動，隨之旋腕，使劍尖向左前穿劍，右手心向下，左劍指外旋，向前上擺動，拇指一側向下。目視劍尖（圖3-175）。

圖 3-176

50.轉身雲接半馬步持劍

① 左腳在身後落步，以左腳掌為軸，身體左轉 90°；同時右手持劍，隨轉體使劍尖弧形向左穿劍，手心向下，劍尖向左；左手心向上，拇指一側向前，在劍柄下接握劍柄和劍格，食指伸直扣於劍柄上。目視左手（圖3-176）。

② 身體繼續左轉 90°，右腳向左前上步，腳尖內扣，左

圖 3-177

圖 3-178　　　　　　　圖 3-179

腳尖外展；同時左手持劍，在面上平雲一周，手心向上，劍
尖向前；右手變劍指，擺於身體右前方，拇指一側向下。目
視劍身（圖 3-177）。

　③左手持劍，使劍尖向下、向後、向上擺動；隨之身
體左轉，左腳向前移半步，兩腿屈膝半蹲成左半馬步；同時
左手持劍，立於面前，劍尖向上，右劍指扶於右腕。目視劍
身（圖 3-178）。

收勢：併步持劍

　　身體立起，右腳向左腳併步站立；同時左手持劍，直臂
垂於身體左側，劍脊貼於左臂後，劍尖向上；右劍指垂於身
體右側，手心向後。目視前方（圖 3-179）。

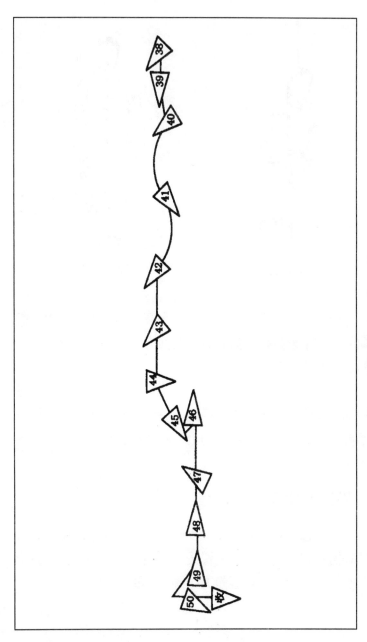

中級螳螂劍第四段動作路線示意圖

第三節　螳螂劍高級競賽規定套路

一、動作名稱

預備勢：併步持劍

第一段

1. 左提膝抱劍
2. 半馬步持劍
3. 右虛步點劍
4. 蓋步腕花劍
5. 左虛步刺帶劍
6. 右戳腳步刺劍
7. 墊步右左撩劍
8. 右戳腳步掛劈劍
9. 歇步右截劍
10. 雲劍丁步反刺劍
11. 轉身右戳腳步推劍
12. 左戳腳步平斬劍
13. 右提膝反點劍
14. 背後腕花接劍
15. 轉身雲左戳腳步斬劍
16. 截腕花左戳腳步點劍
17. 撩腕花左戳腳步崩點劍

螳螂拳

第二段

第三段

40. 左提膝雲截劍
41. 右提膝反撩劍
42. 半馬步絞劈劍
43. 退步絞壓劍
44. 翻身鑽刺劍
45. 轉身戳腳步帶劍

第四段

46. 右戳腳步左截劍
47. 左戳腳步右截劍
48. 右戳腳步推劍
49. 左右撩翻身叉步反撩劍
50. 左翹腳步推劍
51. 腕花右弓步刺劍
52. 左撩震腳腕花壓劍
53. 左弓步刺劍
54. 退步左撩劍
55. 退步腕花右虛步點劍
56. 插步絞截劍
57. 左戳腳步反撩劍
58. 右戳腳步推劍
59. 腕花左弓步刺劍
60. 左虛步持劍

收勢：併步持劍

二、動作說明

　　螳螂劍高級競賽規定套路分為四段，共 60 個動作，其中包括戳腳步、翹腳步、弓步、半馬步、叉步、仆步、虛步、歇步、橫襠步、丁步、獨立步、併步 12 種步型；推、刺、點、崩、撩、截、劈、掛、雲、斬、絞、壓、抹、格、帶、架、穿、鑽、挑、腕花 20 種劍法。完成全套動作的時間 1 分 25 秒左右，脈搏最大強度 204 次/分左右。

預備勢：併步持劍

　　① 身體正直，併步站立，左手持劍，直臂垂於身體左側，左手食指伸直扣壓劍柄上，劍脊貼於左臂後，劍尖垂直向上，左手心向後；右手垂於身體右側，掌心向左。目視前方（圖 3-180）。

　　② 兩臂微屈肘上提，右手變劍指，按於右胯旁，劍指微內扣，手心向下。目視左側（圖 3-181）。

第一段

1. 左提膝抱劍

　　① 身體左轉 45°，右腳向後撤一大步成左弓步；同時右劍指外旋，向右、向後、向左上方畫弧擺於身前，手心向上，高與肩平；左手持劍，屈肘使劍柄向上提於左肋旁，手心向下。目視右劍指（圖 3-182）。

　　② 左手持劍，使劍柄向前上方經右手腕上穿出，手心仍向下，右手劍指向後、向下收於左腋下，手心向上。目視劍柄（圖 3-183）。

圖 3-180

圖 3-181

圖 3-182

圖 3-183

③左腿屈膝全蹲，右腿伸直平仆成右仆步，身體右
轉；同時左手持劍臂內旋，直臂斜舉於左上方，拇指一側向
下，高與頭平；右劍指從左腋下經胸前臂外旋，順右腿內側
向右穿出，拇指一側向上。目視右劍指（圖3-184）。

④身體右轉，重心前移，右腿成右弓步；同時右劍指

屈肘收於右腰側，手心向上，左手持劍，向下、向前、向上使劍柄擺於左胸前，左臂屈肘手心向下。目視左手（圖3-185）。

圖3-184

⑤左手持劍，以腕為軸，使劍尖向下、向前、向上繞環；隨之身體左轉，右腿伸直站立，左腿屈膝高提；左手持劍，繼續使劍尖向左、向下繞環抱劍於身前，手心斜向上，拇指一側向前，劍尖斜下垂，劍脊貼於左前臂上；右劍指由腰側向後、向右、向上、向左畫弧，扶於劍柄上。目視左側（圖3-186）。

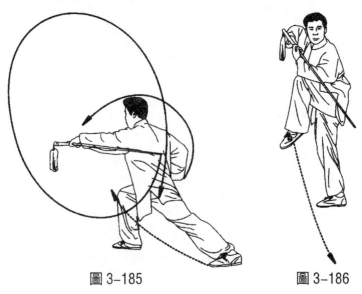

圖3-185　　　　　圖3-186

圖 3-187   圖 3-188

2. 半馬步持劍

① 身體右轉 45°，左腳在身體左側落步。目視劍柄（圖 3-187）。

② 右劍指變掌，從上向下拍打劍柄，隨之再變劍指收於右腰側，手心向上；左手持劍，以腕為軸，使劍尖在身前繞環一周，劍尖斜下垂，手心向下。目視劍柄（圖 3-188）。

③ 身體左轉 45°，兩腿屈膝半蹲成左半馬步；同時左手持劍，使劍尖向上垂直，左臂微屈，小指一側向外，右劍指向後、向右、向前畫弧，扶於左前臂內側，手心斜向下。目視劍身（圖 3-189）。

3. 右虛步點劍

右腳向前上步，兩腿稍屈成右虛步；同時右手在前、左

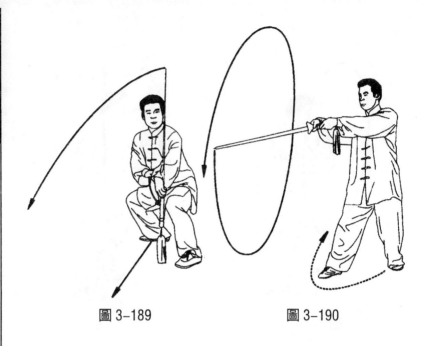

圖 3-189   圖 3-190

手在後握劍柄，兩手持劍，使劍上提，隨之向前下點劍，劍尖高與胸平，右手拇指一側向上。目視劍尖（圖3-190）。

4. 蓋步腕花劍

身體右轉，以右腳掌為軸，腳跟內扣稍抬起，左腳經右腿前向右蓋步，腳尖內扣，兩腿屈膝下蹲；同時右手持劍臂外旋再內旋，以腕為軸，使劍尖向下、向右、向上、向左、向下腕花繞環一周，左手變劍指，在右手腕花時向左、向上、向右畫弧再扶於右腕部，手心向下。目視劍尖（圖3-191）。

5. 左虛步刺帶劍

① 以兩腳掌為軸，身體向右上翻轉，兩腿稍屈成右虛步；同時右手持劍，使劍向下、向前、向上、向右掄劈於身體右側，劍尖斜向上，右手拇指一側向上；左劍指向下擺於左胯旁，手心向下。目視劍身（圖3-192）。

圖 3-191

圖 3-192

② 身體繼續右轉約
90°；同時右臂屈肘，右手
持劍臂外旋再內旋，以腕為
軸，使劍尖向下、向後、向
上、向前沿右臂外側繞環一
周，隨之右手持劍，屈肘收
於右腰側，手心向左；左劍
指向左、向上、向前畫弧按
於胸前，手心向下。目視前
方（圖 3-193）。

圖 3-193

③ 右手持劍，由腰側
向前上方刺劍，拇指一側向上；左劍指收於右肩前。目視劍
尖（圖 3-194）。

④ 身體微左轉，重心移於右腿，左腳向前移步，腳尖

螳
螂
拳

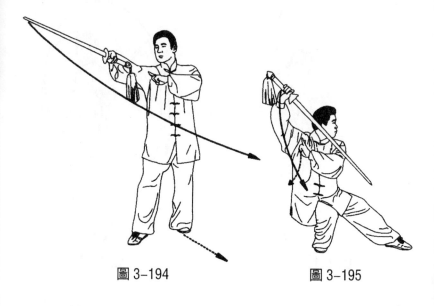

圖3-194   圖3-195

點地，兩腿半蹲成左虛步；同時右手持劍臂內旋扣腕，使劍尖向左、向下帶劍於身前，劍尖斜向下，右手拇指一側向下。目視左前方（圖3-195）。

6. 右戳腳步刺劍

① 右手持劍臂外旋屈肘，使劍柄收於右腰側；隨之左手向下在右手後接握劍柄。目視劍尖（圖3-196）。

② 身體左轉，左腳向前跨步，隨之右腳拖步向前跟進成右戳腳步；同時兩手持劍，向前刺劍，右手拇指一側向上，劍尖向前，高與肩平。目視劍尖（圖3-197）。

7. 墊步右左撩劍

① 右腳向前上步；同時兩手持劍，右臂內旋再外旋，使劍向上、向後、向下沿身體右側用小指一側劍刃向前上撩劍，小指一側劍刃向上，劍尖向前，高與肩平。目視劍身（圖3-198）。

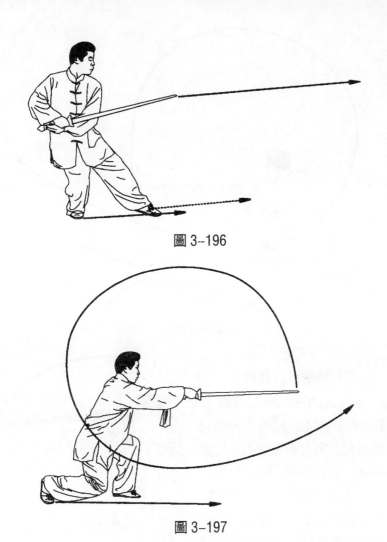

圖 3--196

圖 3-197

②左腳向前上步，隨之左腳向前墊步，右腿屈膝提起；同時兩手持劍，使劍向上、向後、向下沿身體左側用小指一側劍刃向前上撩劍，小指一側劍刃向上，劍尖向前，高與肩平。目視劍身（圖 3-199）。

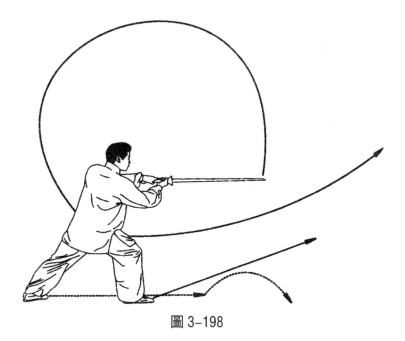

圖 3-198

8. 右戳腳步掛劈劍

① 兩手持劍，右臂外旋，使劍向上、向後用拇指一側劍刃上掛，劍尖向上。目視劍身（圖 3-200）。

② 右腳向前落步，左腳向前跨步，隨之右腳拖步向前跟進成右戳腳步；同時兩手持劍，向前下劈劍，右手拇指一側向上，劍尖稍上翹。目視劍身（圖 3-201）。

圖 3-199

9. 歇步右截劍

① 兩手持劍，右臂外旋，使劍向右揮擺於身體右側，

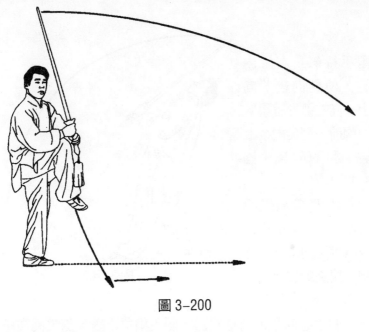

圖 3-200

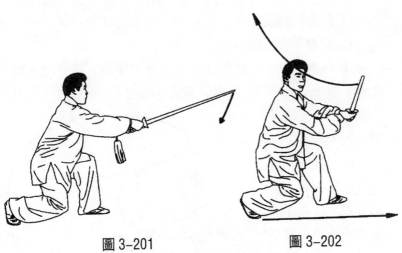

圖 3-201　　　　　　　圖 3-202

劍身平置，劍尖向右。目視劍身（圖3-202）。

　②右腳向前上步，腳尖外展，上體微右轉後仰；同時

兩手持劍，右臂內旋，使劍向後、向上、向左弧形繞環於右胸前，劍尖向後上方。目視劍身（圖3-203）。

③身體微左轉再微右轉，兩腿全蹲成歇步；同時兩手持劍，使劍繼續向左、向前、向右下方截

圖3-203

劍，右手心向下，劍身平置，劍尖稍斜下垂，劍尖高與膝平。目視劍身（圖3-204）。

10.雲劍丁步反刺劍

①身體上起，左腳向前上步，上體後仰；同時左手變劍指，向上、向前、向左畫弧擺於左前方，左臂微屈，拇指一側向下，高與肩平；右手持劍，向上、向前提起，隨之以腕為軸臂內旋再外旋，使劍在面上平雲一周，右手心向上，劍身平置，高與鼻平。目視劍身（圖3-205）。

圖3-204

② 身體繼左轉，右腳向前上步，左腳跟抬起，以腳掌為軸轉動成左虛步；同時右手持劍，使劍繼續隨轉體向左平擺半周，手心向上；左劍指隨轉體向左弧形平擺，隨之扶

圖3-205

於右前臂內側。目視劍身（圖3-206）。

③ 身體微右轉；同時右手持劍臂內旋屈肘，使劍向後帶於右耳側，小指一側向上；左劍指直臂伸於身體左側，拇指一側向上，高與肩平。目視左側（圖3-207）。

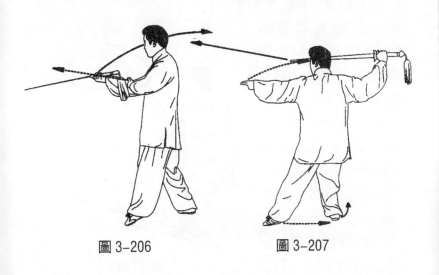

圖3-206 　　　　　　　圖3-207

圖 3-208

④以右腳掌為軸，身體左轉約 180°，左腳收於右腳弓內側，腳尖點地成左丁步；同時右手持劍，隨轉體反臂刺劍於身體右側，小指一側向上；左劍指屈肘向左收於頭前左側，拇指一側向下。目視劍尖（圖 3-208）。

11. 轉身右戳腳步推劍

①以右腳跟為軸，右腳尖內扣，左腳稍抬起，身體向左轉體約 90°；同時左手在右手後接握劍柄，兩手持劍，向左上方截劍，力達拇指一側劍刃前部。目視劍身前部（圖 3-209）。

②身體左轉，左腳向左前方跨步，隨之

圖 3-209

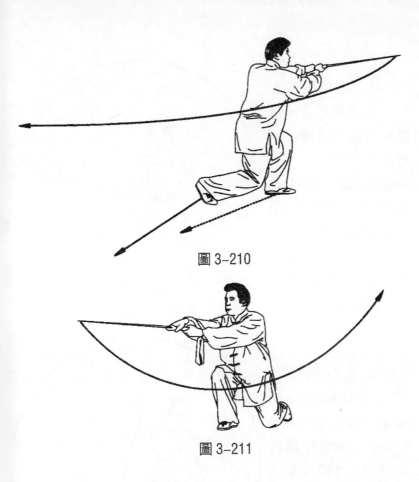

圖 3-210

圖 3-211

右腳拖步向前跟進成右戳腳步；同時兩手持劍使劍尖向後、向右畫弧，隨之向左前方推劍，右手心向上，劍尖向右前方，力達劍刃中部，劍高與胸平。目視劍身（圖3-210）。

12. 左戳腳步平斬劍

身體右轉，右腳向右前方跨步，隨之左腳拖步向前跟進成左戳腳步；同時兩手持劍，右臂內旋，使劍向右平揮斬劍，右手心向下，劍身平置，劍尖向前，高與胸平。目視劍身（圖3-211）。

13. 右提膝反點劍

① 身體起立，身體微右轉再左轉，兩腿自然伸直站立；同時兩手持劍，右手心向下使劍向右稍平擺，隨之右臂內旋使劍尖向下、向左、向上畫弧擺動，右手拇指一側向上，劍尖向左，高與腰平。目視劍尖（圖3-212）。

圖3-212

② 右腿屈膝高提，左腿提膝站立，同時兩手持劍，右臂外旋屈肘，使劍尖繼續向上、向右、向下反點，右手心向後，劍尖斜下垂。目視劍尖（圖3-213）。

14. 背後腕花接劍

① 身 體 左 轉 約 90°，右腳向前上步；同時左手變劍指，隨轉體向前、向下按於腹前，手心向下；右手持劍臂內旋，隨轉體使劍向上、向前、向下畫弧劈於身前，拇指一側向上。目視劍身（圖3-214）。

圖3-213

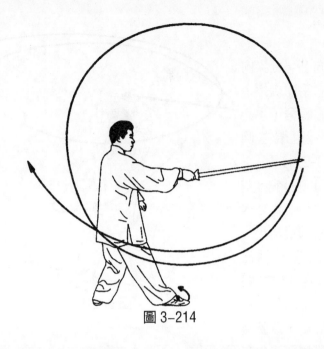

圖 3-214

② 身體繼續左轉 90°，右腳尖內扣，兩腿自然開步站立；同時右手持劍臂外旋再內旋，沿右臂外側腕花一周，隨之右手持劍，使劍尖繼續向下、向左、向上順慣性自然擺動，右手向下、向左收於背後，右手心向後，左劍指擺向背後，手心向後，在劍柄前接握劍柄和劍格。目視前方（圖3-215）。

15.轉身雲左戳腳步斬劍

① 左手持劍臂內旋，使劍柄向下、向左、向上、向前屈肘提於面前，劍尖向上、向右、向後、向左、向前擺動，

圖 3-215

手心向上，劍尖向左；右手變劍指，擺於右胯旁，手心向下。目視左側（圖3-216）。

② 左腳向右前上步，腳尖內扣，右腳跟抬起，以右腳掌為軸碾轉，身體右轉180°；同時左手持劍臂外旋，以腕為

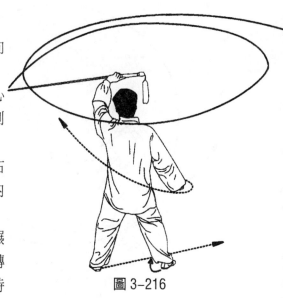

圖3-216

軸，隨轉體使劍在面上平雲一周半；右劍指向上、向右隨轉體擺於身體右側，高與肩平。目視劍身（圖3-217）。

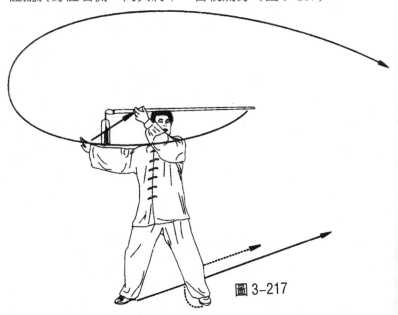

圖3-217

③ 以左腳掌為軸，身體繼續右轉，右腳提起，隨之向右前方跨步，左腳拖步向前跟進成左戳腳步；同時右手靠劍格後接握劍柄，左手在右手後接握劍柄，兩手持劍，隨轉體向右斬劍，右手心向下，劍身平置，高與胸平，劍尖向前。目視劍身（圖3-218）。

圖 3-218

16. 截腕花左戳腳步點劍

① 身體稍起，重心後移成右虛步，同時左手變劍指，向後下擺於左胯旁，手心向下；右手持劍臂內旋再外旋，以腕為軸，使劍沿右臂內側截腕花一周，右手拇指一側向上，劍尖向前。目視劍身（圖3-219）。

② 上動不停。右手持劍臂外旋再內旋，以腕為軸，使劍尖沿右臂外側繼續向下、向後、向上繞環，隨之右臂屈肘，劍尖向上；左劍指向左、向上畫弧擺

圖 3-219

螳螂拳

於頭左前上方，拇指一側向下。目視劍身（圖3-220）。

③ 右腳向前跨步，隨之左腳拖步向前跟進成左戳腳步；同時左手在右手後接握劍柄，兩手持劍，使劍尖向前下方點劍，右手拇指一側向上，劍尖高與胸平。目視劍尖（圖3-221）。

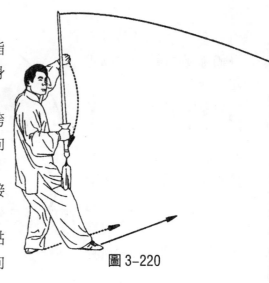

圖 3-220

17. 撩腕花左戳腳步崩點劍

① 右手持劍臂外旋，以腕為軸，使劍尖向上、向後、向下、向前、向上沿右臂外側撩腕花一周，小指一側向上，劍尖向前，高與肩平；左手變劍指，向左後畫弧平擺。目視劍身（圖3-222）。

② 左劍指扶於右腕部，右手持劍臂內旋，以腕為軸，使劍尖向上、向後、向下、向前、向上沿右臂內

圖 3-221

側撩腕花一周，小指一側向上，劍尖向前，高與肩平。目視劍身（圖3-223）。

③ 右腳蹬地，左腳後跳，隨之右腳後移成右虛步；同時右手持劍臂外旋沉腕，使劍尖向上崩劍，左劍指仍扶於右腕部。目視劍尖（圖3-224）。

圖 3-222

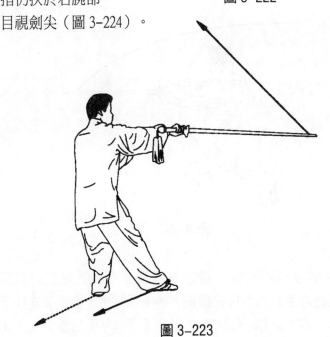

圖 3-223

螳螂拳

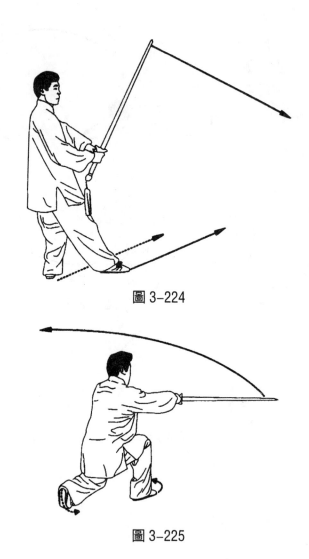

圖 3-224

圖 3-225

④右腳向前跨步，隨之左腳拖步向前跟進成左戳腳步；同時左手在右手後接握劍柄，兩手持劍，使劍尖向前下方點劍，右手拇指一側向上，劍尖高與胸平。目視劍尖（圖3-225）。

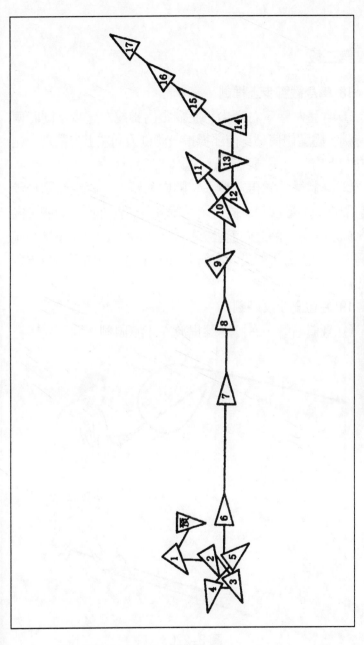

高級螳螂劍第一段動作路線示意圖

第三章　螳螂劍競賽規定套路

螳螂拳

第二段

18. 轉身戳腳步上推劍

① 身體左轉，右腳尖、左腳跟內扣成左虛步；同時兩手持劍，隨轉體使劍身前部拇指一側劍刃向左上方截劍，劍尖向左上方。目視劍身前部（圖3-226）。

② 身體微右轉再左轉，左腳向前跨步，隨之右腳拖步向前跟進成右戳腳步；同時兩手持劍，右臂外旋，使劍尖向後、向右畫弧，隨之向前上方推劍，右手心向上，小指一側劍刃向左前上方，劍尖向右前上方，劍尖高與頭平。目視劍身（圖3-227）。

19. 左戳腳步反刺劍

① 身體右轉，右腳屈膝提於左小腿內側；同時右手持

圖 3-226

劍臂內旋，使劍尖向上、
向左、向下、向右、向上
逆時針繞一小圈後帶於右
耳旁，劍尖向左前方，拇
指一側向下；左手變劍
指，向左前方指出，拇指
一側向上。目視左前方
（圖3-228）。

　②身體左轉，右腳
向前跨步，左腳拖步向前
跟進成左戳腳步；同時右
手持劍，向前反刺，劍尖

圖3-227

向前，拇指一側向下，劍尖高過肩平；左手劍指扶於右腕
部，手心向右。目視劍尖（圖3-229）。

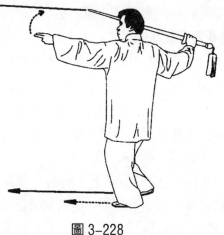

圖3-228

第三章　螳螂劍競賽規定套路

螳螂拳

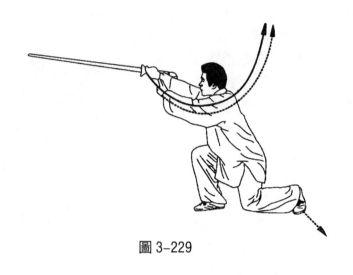

圖 3-229

20.橫襠步架劍

身體左轉，左腳向左前移步，左腿屈膝半蹲，右腿挺膝伸直成右橫襠步；同時左手在右手後接握劍柄，兩手持劍，右臂外旋，向左上方架劍，右手心向後，劍身立劍橫於頭前上方，劍尖向右。目視劍身（圖 3-230）。

21.轉身雲背後穿劍

① 身體上起仰頭，以右腳跟為軸，腳尖外展，向右轉體，隨之左腳向前上步；同時右手持劍，扣腕臂內旋，使劍隨轉體在面上平雲一周，右手心向下，劍身平置，劍尖向左前方；左劍指隨轉體擺於身體左側，左臂微屈，左手拇指一側向下。目視劍身（圖 3-231）。

② 右手持劍，使劍尖向下、向右、向後從背後向左上穿劍斜背於身後，右手心向外，手背貼於腰後部，劍尖斜向上；左劍指收於右肩前，劍指向上。目視前方（圖 3-232）。

圖 3-230

圖 3-231　　　　　　圖 3-232

22. 腕花歇步帶劍

① 左腳尖內扣，右腳尖外展，身體繼續右轉；同時右手持劍，使劍尖在身後向左、向下移動，隨之右臂外旋，使劍尖隨轉體向前擺動，劍尖向前下方。目視劍尖（圖3-233）。

② 右腿伸直勾腳尖抬起；同時右手持劍，直臂向上挑劍，右手小指一側向前，劍尖向上；左劍指向下按於左胯旁。目視前方（圖3-234）。

③ 以左腳掌為軸，向右轉體180°，右腳在身前落步，腳尖外展；同時右手持劍臂外旋，使劍下

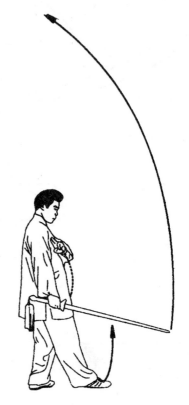

圖 3-233

壓於身前，小指一側向上，劍尖向前；左劍指隨轉體向上擺於頭左前上方，左臂微屈，拇指一側向下。目視劍身（圖3-235）。

④ 右手持劍，以腕為軸，使劍尖向下、向後、向上、向前沿右臂外側腕花繞環一周；隨之身體右轉，兩腿下蹲成歇步；同時右手持劍臂內旋，上架於頭右上方，小指一側向上，劍尖向左；左劍指向右收於右肩前。目視左側（圖3-

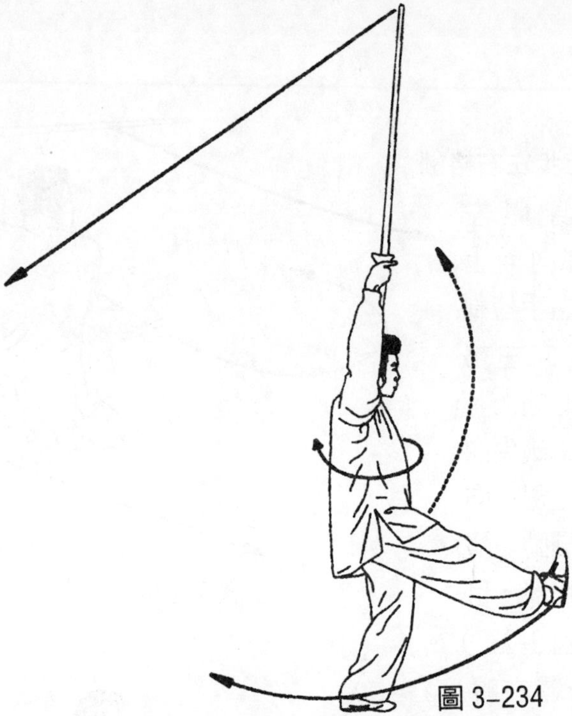

圖 3-234

圖 3-235

第三章　螳螂劍競賽規定套路

螳螂拳

236）。

23. 上步左右格劍

① 身體左轉，左腳向前上步；同時右手持劍臂外旋，向左格劍，右手心向上，劍身平置；劍尖向右前方；左劍指向左前畫弧擺動，隨之扶於右腕部。目視劍身（圖3-237）。

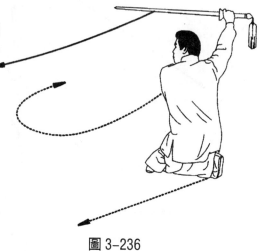

圖3-236

② 身體右轉，右腳向前上步；同時右手持劍臂內旋，向右格劍，右手心向下，劍身平置，劍尖向左前方。目視劍身（圖3-238）。

24. 跳步反刺撩劍

① 左腿屈膝提起，右腿微屈膝站立；同時右手持劍，向右下

圖3-237

帶劍於右胯旁；左劍指向左下擺於左胯旁。目視前方（圖3-239）。

② 右腳蹬地，左腳前跳，右腿屈膝後擺，身體騰空，

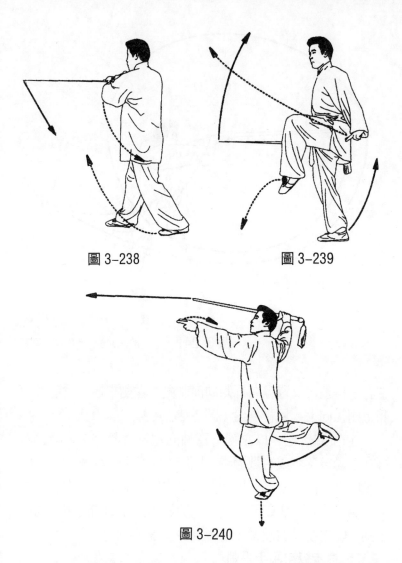

圖 3-238　　　　　　　　　圖 3-239

圖 3-240

在空中挺胸展腹；同時右手持劍臂內旋，繼續後上帶劍於頭部右側，拇指一側向下，劍尖向左前方；左劍指擺於左前方，劍指向上。目視左前方（圖 3-240）。

　③上動不停。右腿屈膝上提，左腿微下落；同時在空

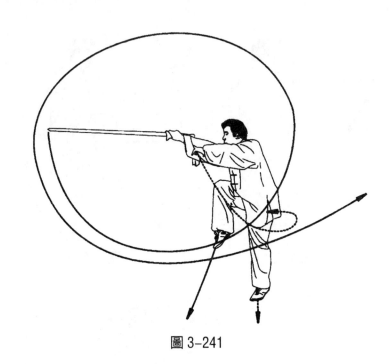

圖 3-241

中右手持劍，反臂經右耳側向前刺劍；左劍指收於右前臂內側，劍指向上。目視劍尖（圖 3-241）。

④左腳落地，以左腳掌為軸向左後轉體 180°，隨之右腳在左腳後落步成右戳腳步；同時右手持劍，使劍向下、向左、向上、向右繞環一周掛劈，隨之臂外旋向下、向前、向上撩劍，小指一側劍刃向上，高與肩平；左劍指向下、向前擺動，隨之扶於右前臂。目視劍身（圖 3-242）。

25. 插步絞半馬步平刺

①身體右轉，右腳跟內扣，左腳經右腿後向右插步；同時左手在右手後接握劍柄，兩手持劍，右臂內旋，手心向上，使劍向右平擺於身體右前方，高與腰平。目視劍身（圖 3-243）。

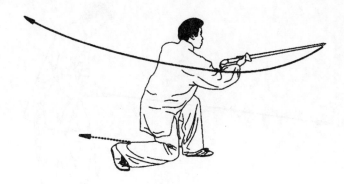

圖 3-242

② 身體繼續右轉再
微左轉，然後鬆腰沉胯，
隨之右腳向右前移步成右
虛步，左腿稍屈站立；同
時兩手持劍，右臂內旋，
使劍尖向右、向上、向
左、向下繞一小圈絞劍，
隨之稍向後、向下壓劍，
右手心向下，劍身平置，
劍尖向前。目視劍身（圖
3-244）。

圖 3-243

③ 右腳向前上步，
隨之左腳向前跟進半步，兩腿屈膝半蹲成右半馬步；同時兩
手持劍，向前平劍刺出，右手心向下，劍尖向前。目視劍尖
（圖 3-245）。

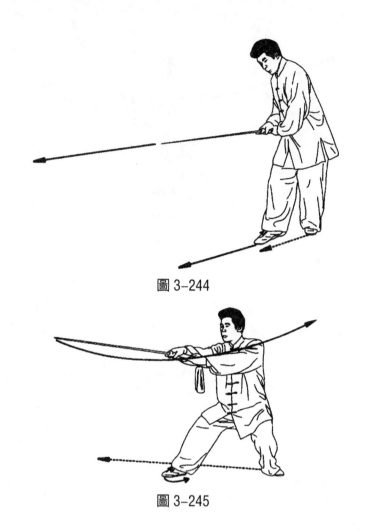

圖 3-244

圖 3-245

26. 轉身右戳腳步推劍

① 右腳尖內扣，身體左後轉，左腳向後退步，左腳跟抬起；同時兩手持劍，使劍身前部拇指一側劍刃向左前上方截劍。目視劍身前部（圖 3-246）。

② 左腳跟落地，右腳向後退步成右戳腳步；同時兩手持劍，右臂外旋，使劍尖向後、向右畫弧，隨之左手變劍指

向下、向左上架於頭
左前上方，左臂微
屈，拇指一側向下；
右手持劍，向前方推
劍，手心向上，小指
一側劍刃向左前方，
劍尖向右前方，劍身
高與胸平。目視劍身
（圖 3-247）。

圖 3-246

27. 又步腕花點劍

① 左腳尖外展，身體左轉；同時右手持劍臂內旋，使
劍尖向上、向左豎直，手心向左；左劍指隨轉體下擺於左胯
旁，手心向下。目視劍身（圖 3-248）。

② 右腳向前上步，腳尖內扣，
隨之身體左轉，左腳經右腿後向右

螳螂拳

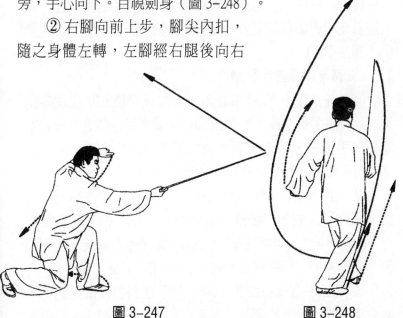

圖 3-247　　　　　　圖 3-248

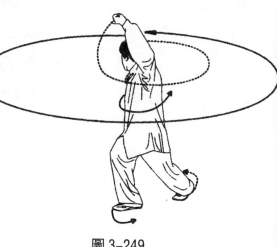

插步，右腿屈膝半蹲，左腿伸直，腳跟抬起成叉步；同時右手持劍臂內旋再外旋，以腕為軸，使劍尖向前、向下、向左、向上沿右臂內側腕花一周，隨之向右、向下點劍，

圖 3-249

右手拇指一側向上，劍尖高與胸平；左劍指由胯旁向左、向上畫弧亮指於頭左前上方，臂微屈，拇指一側向下。目視劍尖（圖 3-249）。

28. 轉身雲戳腳步刺劍

① 以右腳跟、左腳掌為軸，向左後轉體 270°成左高虛步；同時左手劍指向下隨轉體向左平擺畫弧，隨之扶於右腕部；右手持劍，手心向下、向左平擺一周於身前，高與肩平。目視劍身（圖 3-250、圖 3-250 附圖）。

② 上體後仰；同時左劍指內旋，向前、向左伸出，拇指一側向下；右手持劍臂內旋再外旋，用小指一側劍刃向左、向後、向右、向前在面上平雲一周，手心向上，劍尖向前，高與鼻平。目視劍尖（圖 3-251、圖 3-251 附圖）。

③ 兩腿下蹲成左虛步；同時左手在右手後接握劍柄，兩手持劍向下壓劍於身前，右手心向上，高與胯平。目視劍尖（圖 3-252、圖 3-252 附圖）。

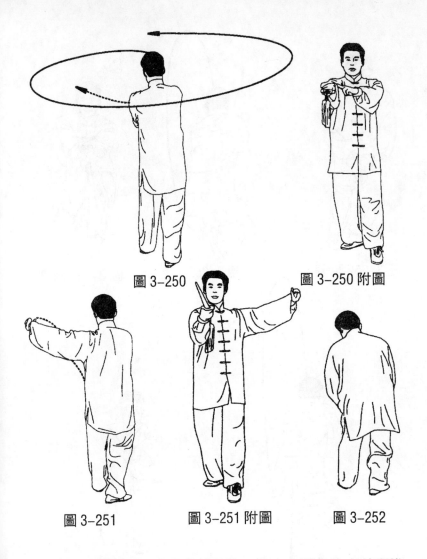

圖 3-250　　　　　　　　圖 3-250 附圖

圖 3-251　　　圖 3-251 附圖　　　圖 3-252

　　④ 左腳踏實，右腳向前跨步，隨之左腳拖步向前跟進
成右戳腳步；同時兩手持劍，向前刺劍，右手心向上，劍身
平置，高與胸平。目視劍尖（圖 3-253、圖 3-253 附圖）。

　　29.腕花左戳腳步劈劍

　　右腳向前跨步，隨之左腳拖步向前跟進成左戳腳步；同

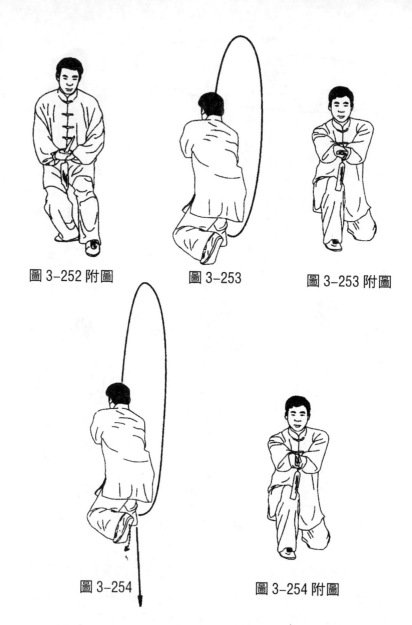

圖 3–252 附圖　　　　　　圖 3–253　　　　　　圖 3–253 附圖

圖 3–254　　　　　　　　圖 3–254 附圖

時兩手持劍，以腕為軸，使劍尖向下、向後、向上沿右臂外
側腕花繞環，隨之向前下劈出，劍尖高與胸平。目視劍身
（圖 3–254、圖 3–254 附圖）。

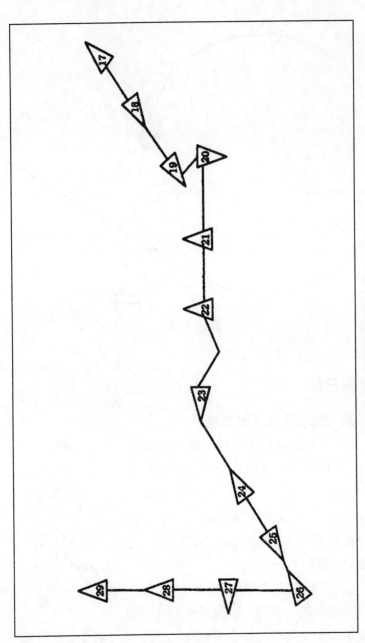

高級螳螂劍第二段動作路線示意圖

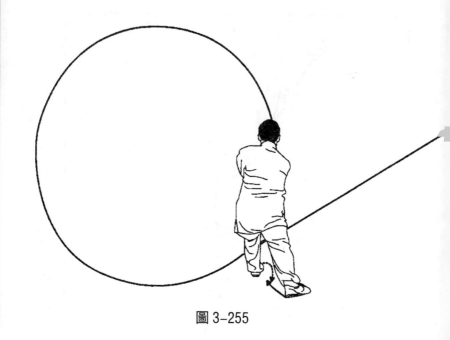

圖 3-255

第三段

30. 退步右左撩併步點劍

①左腳跟踏實，右腳向後退步成左弓步；同時兩手持劍，右臂內旋再外旋，使劍向上、向後、向下沿身體右側向前、向上撩劍，小指一側劍刃向上，劍尖向前，高與肩平。目視劍身（圖 3-255、圖3-255 附圖）。

②身體微左轉再右轉，左腳尖內扣，身體立起，右腳向左腳併步站立；同時兩手持劍，右臂內旋，使劍向上、向左

圖 3-255 附圖

帶劍劈於身體左側，隨之隨身體右轉使劍向下、向前、向上撩劍，小指一側劍刃向上，劍尖向前，高與肩平。目視劍身（圖3-256）。

圖3-256

③ 兩手持劍，右臂外旋屈肘，使劍上掛於右肩前，右手小指一側劍刃向前，劍尖向後上方。目視劍身上部（圖3-257）。

④ 兩手持劍，使劍尖向前、向下點劍，右手拇指一側向上，劍尖高與胸平。目視劍尖（圖3-258）。

31. 右撩仆步截帶劍

① 身體右轉再左轉；同時兩手持劍右臂內旋再外旋，使劍向上、向後、向下、向前、向上撩劍，右手小指一側劍刃向上，劍尖向前，高與肩平。目視劍身（圖3-259）。

② 左腳向左邁步，左腿屈膝全蹲，右腿伸直平仆成右仆步；

圖3-257

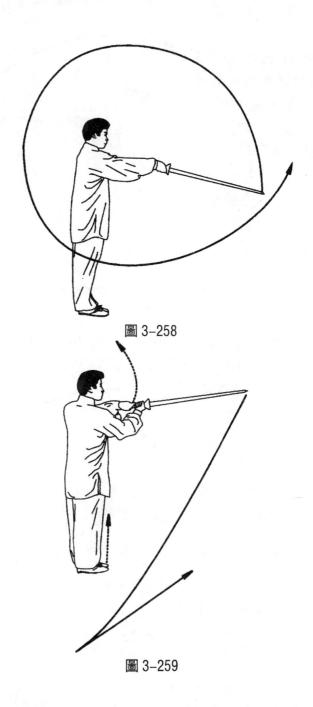

圖 3-258

圖 3-259

同時右手持劍，
向右下方截劍，
隨之扣腕帶劍，
手心向下，劍尖
向左前方；左手
變劍指，上架於
頭左前上方，臂
微屈，拇指一側
向下。目視劍身
（圖3-260）。

圖 3-260

32. 雲劍上步反刺劍

①身體上起向右轉體；同時右手持劍臂外旋，手心向
上，使劍向右擺於身體右側，劍尖向右，高與胸平；左劍指
向下、向右、向上收於右肩前，劍指向上。目視劍身（圖
3-261）。

圖 3-261

螳螂拳

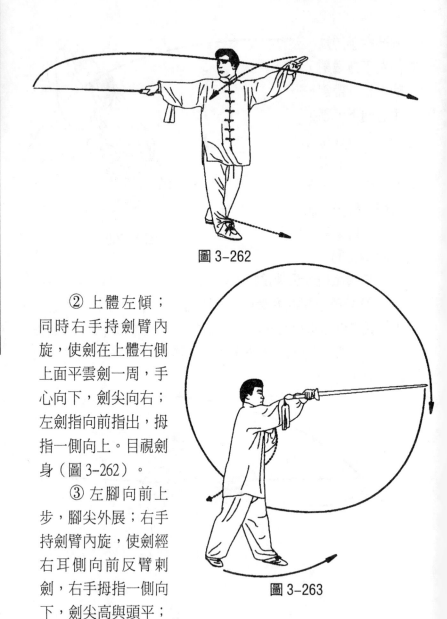

圖 3-262

② 上體左傾；
同時右手持劍臂內
旋，使劍在上體右側
上面平雲劍一周，手
心向下，劍尖向右；
左劍指向前指出，拇
指一側向上。目視劍
身（圖 3-262）。

③ 左腳向前上
步，腳尖外展；右手
持劍臂內旋，使劍經
右耳側向前反臂刺
劍，右手拇指一側向
下，劍尖高與頭平；

圖 3-263

左劍指向後收於右肩前，劍指向上。目視劍尖（圖 3-
263）。

圖3-264

33.行步截腕花點劍

① 右腳向前弧行上步，身體微左轉；同時右手持劍，以腕為軸，使劍尖向下、向後、向上、向右前沿右臂內側截腕花繞環一周，右手拇指一側向上，劍尖向右前，高與胸平；左劍指向下擺於左胯旁。目視劍身（圖3-264）。

② 左腳向前弧形上步，身體微左轉，同時右手持劍臂外旋再內旋，以腕為軸，使劍尖向下、向左後、向上、向右沿右臂外側截腕花繞環一周，右手拇指一側向上，劍尖向右，高與肩平；左劍指向左、向上擺於頭左前上方，拇指一側向下。目視劍身（圖3-265）。

34.行步撩腕花提膝崩劍

① 右腳向前弧形上步；同時右手持劍臂外旋，以腕為軸，使劍尖向上、向左、向下、向右沿右臂外側撩腕花繞環

一周,右手小指一側向上,劍尖向右,高與肩平;左劍指下按於胸前,手心向下。目視劍身(圖3-266)。

② 身體左轉,左腳向左前上步;同時右手持劍,屈肘帶劍於身前,手心向後,劍尖向右橫置於身前;左劍指向左、向下擺於身體左側。目視劍身(圖3-267)。

③ 右腿屈膝提起,身體右轉,左腳向後跳步,隨之左腿挺膝站立;同時右手持劍,使劍尖向上、向下、向右畫弧繞環,隨之臂外旋轉至拇指一側劍刃向上

圖 3-265

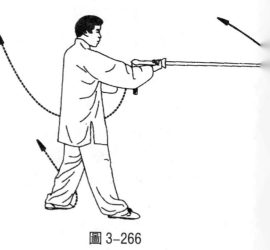

圖 3-266

時,隨體轉和左腳後跳沉腕,使劍尖向上崩劍,小指一側劍刃向前,劍尖向上,左劍指向上、向前、向下畫弧收於右腕上。目視劍尖(圖3-268)。

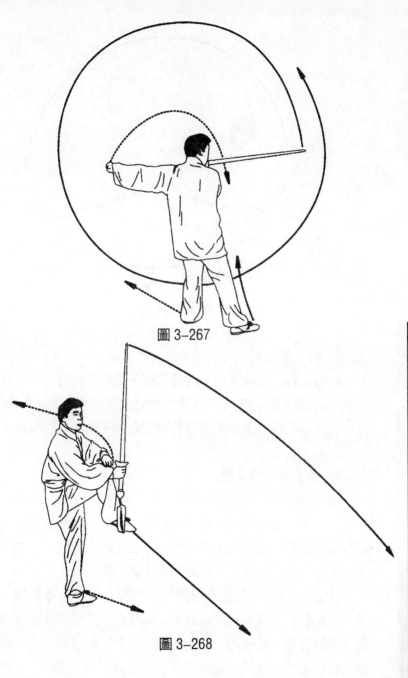

圖 3-267

圖 3-268

第三章　螳螂劍競賽規定套路

螳螂拳

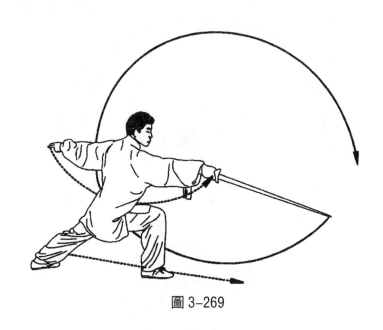

圖 3-269

35.右弓步點劍

身體左轉，左腳蹬地，右腳前跳，隨之左腳跟進，左腿伸直，右腿屈膝半蹲成右弓步；同時右手持劍，向右下點劍，劍尖高與膝平，左劍指直臂伸於左側，拇指一側向上。目視劍尖（圖 3-269）。

36.跳步腕花轉身撩劍

①身體右轉，左腳向前上步；同時右手持劍臂內旋再外旋，以腕為軸，使劍尖向下、向後、向上、向前沿右臂內側截腕花繞環一周，右手拇指一側向上，劍尖向前；左劍指向下、向前扶於右腕部。目視劍身（圖 3-270）。

②左腳蹬地，右腳向前跳步，身體在空中右後轉體，隨之右左腳相繼落地成左截腳步；同時右手持劍臂外旋再內旋，以腕為軸，使劍尖向下、向後、向上、向前沿右臂外側截腕花繞環一周，隨之隨轉體向下、向前、向上撩劍，右手

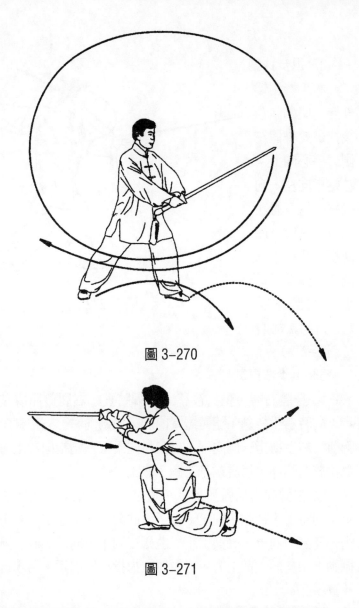

圖 3-270

圖 3-271

小指一側劍刃向上,高與肩平;左劍指扶於右前臂內側。目
視劍身（圖 3-271）。

37. 退步抹劍

右手持劍臂外旋，使劍向左後抹劍於身體左側，手心向上；左劍指向左、向後平擺於身體左後方，左臂微屈拇指一側向下；同時右腳向後退步，右腳跟抬起。目視劍身（圖3-272）。

圖3-272

38. 上步右撩劍

① 身體右轉，重心後移，右腳踏實，右腿微屈成左虛步；同時右手持劍，隨轉體臂內旋，使劍向右上方帶劍於右胸前，右手拇指一側向下，劍尖斜向下；左劍指向右上方畫弧扶於右腕部。目視劍身（圖3-273）。

② 左腳向右前弧形上步，隨之右腳再弧形上步成右弓步；同時右手持劍，向後、向下、向前、向上撩劍，右手小指一側劍刃向上，高與肩平；左劍指向下、向前、向上弧形擺動上架於頭左前上方，臂微屈，拇指一側向下。目視劍身（圖3-274）。

39. 退步轉身雲劍

① 身體稍左轉，右腳向左後退步；同時右手持劍，向左帶劍下劈於身體左側，拇指一側向上，劍尖向左；左劍指

圖 3-273

圖 3-274

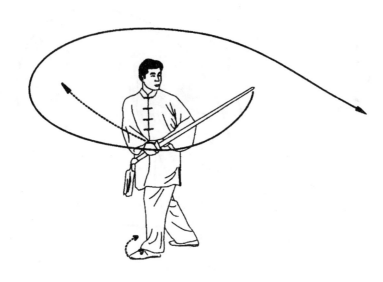

圖 3-275

向下扶於右腕
部。目視劍身
（圖 3-275）。

　②身體右
轉；右手持劍內
旋，手心向下，
使劍向右擺於身
體右側，劍尖向
右；左劍指向左
平擺於身體左
側，手心向下。
目視劍身（圖
3-276）。

圖 3-276

③上體左傾，身體微左轉再右轉，兩腿屈膝下蹲，左腳跟抬起；同時右手持劍臂外旋再內旋，以腕為軸，使劍向後、向左、向前、向右在上體右側上面平雲一周後繼續向右擺於身體右側，左劍指擺於右肩前。目視劍身（圖3-277）。

圖3-277

40. 左提膝雲截劍

①身體左轉，同時右手持劍，向左上擺動，隨之左手在右手後接握劍柄，右手心向下，劍尖向左。目視劍身（圖3-278）。

②上體右傾後仰，上體微右轉；同時兩手持劍，右臂內旋再外旋，使劍繼續向後、向右在面上平雲半周，右手心向上，

圖3-278

劍尖向右。目視劍身
（圖3-279）。

③身體左轉，
左腿屈膝高提，左腳
尖繃直下垂；同時兩
手持劍，向左前上方
截劍，右手心斜向
上，劍尖高過頭，斜
向右前上方。目視劍
身（圖3-280）。

41.右提膝反撩劍

①身體左轉，
左腳向左落步；同時
兩手持劍，向左、向
下劈劍於身體左側，
右手心向後，劍尖向
左。目視劍身（圖
3-281）。

②身體右轉，
右腿屈膝高提於身
前，腳尖繃直下垂；
同時兩手持劍臂內
旋，使劍向下、向
前、向上撩劍，右手
小指一側劍刃斜向前
上方，劍尖斜向前下

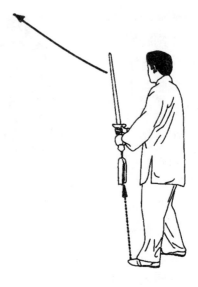

圖3-279

圖3-280

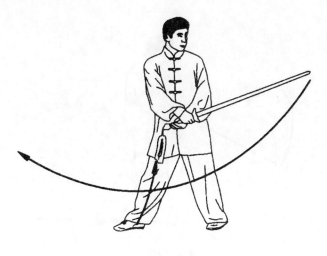

圖 3-281

圖 3-282

方。目視劍身（圖 3-282）。

第三章　螳螂劍競賽規定套路

螳螂拳。

圖 3-283

42. 半馬步絞劈劍

① 右腳向後退步，兩腿稍屈膝站立，身體微左轉；同時兩手持劍，右臂外旋，使劍尖向下、向後、向左畫弧，用右手拇指一側劍身中部劍刃絞劍，右手心向後下方，劍尖向左前下方。目視劍身中部（圖3-283）。

② 左腳向後退步，兩腿稍屈膝站立、身體微右轉；同時兩手持劍，右臂內旋再外旋，使劍尖向上、向右、向下畫弧，用右手小指一側劍身中部劍刃絞劍，右手拇指一側向上，劍尖向右前上方。目視劍身（圖3-284）。

③ 兩腿屈膝半蹲成右半

圖 3-284

圖 3-285

圖 3-286

馬步，身體微左轉；同時兩手持劍，向左下斜劈，右手心向
前上方，劍尖向右前方。目視劍身（圖 3-285）。

43. 退步絞壓劍

　　身體微右轉再微左轉，右腳向後退步，左腳尖內扣，左
腿屈膝前弓成左弓步；同時兩手持劍，右臂外旋再內旋，使
劍尖向右、向上、向左、向下絞一小圈，隨之向下、向後壓
劍，右手心向下，劍尖向前。目視劍身（圖 3-286）。

螳螂拳

圖 3-287

44. 翻身鑽刺劍

① 兩手持劍，向前刺劍；同時左腳尖內扣，右腳尖外展，上體右上翻轉後仰；右手小指一側劍刃向上。目視兩手（圖 3-287）。

② 上動不停。上體繼續向右翻轉，左腳向前上步，腳尖內扣，以右腳掌為軸，腳跟內扣成右虛步；同時兩手持劍，使劍尖向上、向左、向下、向右畫弧，右手心向下。目視劍身（圖 3-288）。

45. 轉身戳腳步帶劍

右腳向右跨步，身體右轉，左腳拖步向前跟進成左戳腳步；同時兩手持劍，向右、向前帶劍於胸前，右手心向下，劍身平置，劍尖向左。目視劍身（圖 3-289）。

圖 3-288

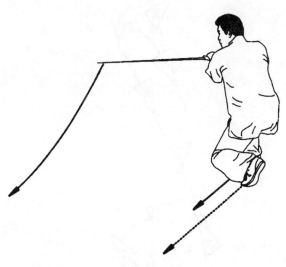

圖 3-289

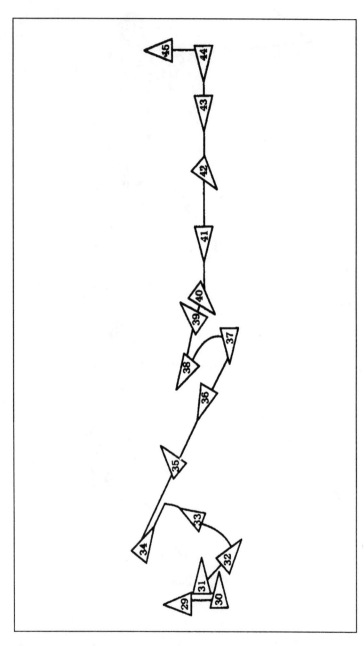

高級螳螂劍第三段動作路線示意圖

第四段

46. 右戳腳步左截劍

身體左轉，左腳向左前跨步，隨之右腳拖步向前跟進成右戳腳步；同時兩手持劍，右臂外旋，使劍向左下方截劍，右手心斜向前上方，劍尖斜向下。目視劍身（圖3-290）。

圖3-290

47. 左戳腳步截劍

身體右轉，右腳向右前跨步，隨之左腳拖步向前跟進成左戳腳步；同時兩手持劍，右臂內旋，使劍向右截劍，右手心斜向後下方，劍尖斜向下。目視劍身（圖3-291）。

圖3-291

48. 右戳腳步推劍

① 身體微左轉再微右轉，左腳收於右腳內側；同時兩手持劍，使劍身前部拇指一側劍刃向左上方截劍，繼而右臂外旋，使劍尖向後、向右畫弧，右手心斜向左上方，劍尖向右上方。目視劍身（圖3-292）。

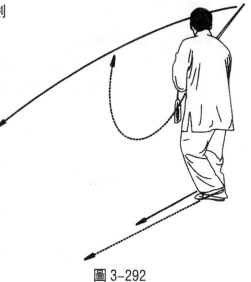

圖 3-292

② 身體左轉，左腳向左前方跨步，隨之右腳拖步向前跟進成右戳腳步；同時左手變劍指，屈肘上架於頭左前上方，拇指一側向下，右手持劍，向左前方推劍，右手心向上，劍尖向右前方，高與胸平。目視劍身（圖3-293）。

圖 3-293

圖 3-294

49. 左右撩翻身叉步反撩劍

① 身體左轉再右轉成左弓步；同時左手在右手後接握劍柄，兩手持劍，右臂內旋，使劍帶劈於身體左側，隨之使劍向下、向前、向上撩劍於身前，右手小指一側劍刃向上，劍尖向前，高與肩平。目視劍身（圖 3-294）。

② 身體繼續右轉，重心右移，右腿稍屈膝站立；同時兩手持劍，使劍向上、向右劈劍。目視劍身（圖 3-295）。

③ 右腳尖內扣，右腿站立，上體向左上翻轉並向右側傾斜成水平，隨之左腿屈膝向後、向上擺起高抬；同時兩手持劍，向下、向前、向上撩劍，小指一側劍刃向上，高與右肩平。目視劍身（圖 3-296）。

④ 身體左轉，上體前俯，左腿向後插步，右腿屈膝半蹲，左腿伸直，腳跟抬起成叉步；同時兩手持劍，向上、向

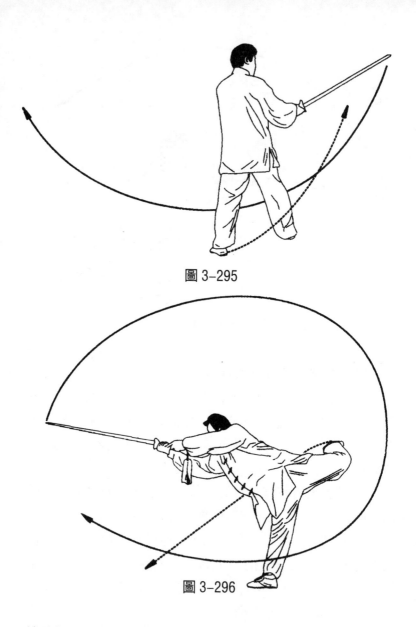

圖 3-295

圖 3-296

前劈劍，隨之左手變劍指，收於右肩前，劍指向上；右手持
劍，使劍繼續向下、向後撩劍，小指一側劍刃向上，劍尖斜
向後下方。目視劍身（圖 3-297）。

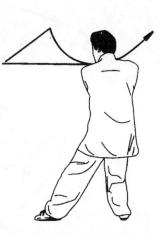

圖 3-297

50. 左翹腳步推劍

① 以右腳跟、左腳掌為軸，身體左後轉體約180°；同時右臂外旋，手心向下，使劍隨轉體平擺一周；左劍指隨轉體向左平擺，隨之左手在右手後接握劍柄。目視劍身（圖3-298）。

② 身體繼續微左轉再微右轉；同時兩手持劍，使劍向左上方截劍，隨之使劍尖向後、向右畫弧繞環於右前上方，兩手收於右腰前。目視劍身（圖3-299）。

③ 身體左轉，左腳向左前移步，腳尖上勾內扣，右腿屈膝下蹲成左翹腳步；同時兩手持劍，向左前方推劍，右手心向

圖 3-298

上，劍尖向右前方。目視劍身（圖 3-300）。

51. 腕花右弓步刺劍

① 重心前移，左腳踏實，身體微右轉，右腳向前上步；同時兩手持劍，右臂外旋再內旋，以腕為軸，使劍尖向下、向後、向上、向前在身體右側腕花繞環一周，右手拇指一側向上。目視劍身（圖 3-301）。

圖 3-299

② 身體左後轉體 180°，右腳尖內扣，左腳向後退步，右腿前弓，左腿挺膝蹬直成右弓步；同時兩手持劍，使劍尖向下、向左、向前刺劍，右手拇指一側向上，劍尖向前，高

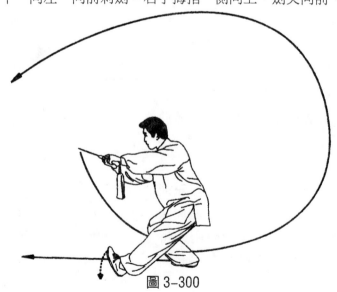

圖 3-300

與肩平。目視劍尖（圖3-302）。

52. 左撩震腳腕花壓劍

① 身體左轉，右腳經左腿後向左插步，右腳跟抬起；同時左手變劍指，向上、向左、向下擺於身體左側，劍指向上，隨之右手持劍臂外旋，使劍向上、向左、向下劈於身體左側，右手拇指一側向上，劍尖向左。目視劍身（圖3-303）。

② 以左腳跟、右腳掌為軸，身體右上翻轉成右虛步，同時右手持劍，使劍掄

圖 3-301

圖 3-302

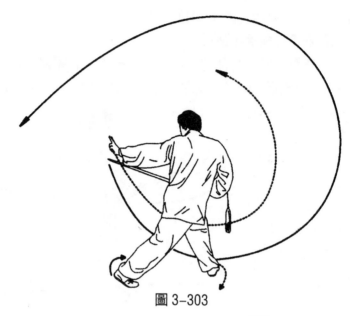

圖 3-303

劈於身體右側，右手拇指一側向上，劍尖向右；左劍指向下、向前、向上擺於頭左前上方，左臂屈肘拇指一側向下。目視劍身（圖3-304）。

③身體右轉，右腳抬起在左腳前踏地震腳，腳尖外展，隨之兩腿屈膝交叉下蹲；同時右手持劍臂外旋再內旋，以腕為軸，使劍尖

圖 3-304

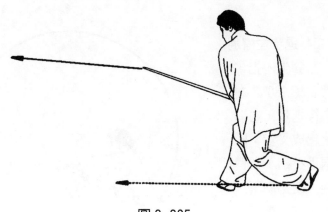

圖 3-305

圖 3-306

向下、向後、向上、向前腕花繞環一周；隨之左手在右手後接握劍柄，兩手持劍，使劍向後、向下壓劍，右手拇指一側向上。目視劍身（圖 3-305）。

53.左弓步刺劍

身體微左轉，左腳向前上步，左腿前弓，右腿挺膝伸直成左弓步；同時兩手持劍，向前刺劍，右手拇指一側向上，劍尖向前，高與肩平。目視劍尖（圖 3-306）。

54. 退步左撩劍

左腳尖內扣，身體右轉180°，右腳向後退步，右腳跟抬起成叉步；同時兩手持劍，右臂內旋，使劍向下、向前、向上撩劍，右手小指一側劍刃向上，劍尖向前。目視劍身（圖3-307）。

圖3-307

55. 退步腕花右虛步點劍

① 左腳向後退步；同時左手變劍指，扶於右腕部；右手持劍臂外旋，以腕為軸，使劍尖向下、向後、向上、向前沿右臂內側腕花繞環一周，右手拇指一側向上，劍尖向前。目視劍身（圖3-308）。

② 左腳蹬地，右腳向後墊步，隨之左腳在右腳後落地成右高虛步；同時左劍指向下、向後、向上

圖3-308

擺於頭左前上方，
左臂微屈，拇指一
側向下；右手持劍
臂外旋再內旋，以
腕為軸，使劍尖向
下、向後、向上沿
右臂外側腕花，隨
之向前下點劍，右
手拇指一側向上，
劍尖向前下方。目
視劍尖（圖3-309）。

圖 3-309

56. 插步絞截劍

① 身體左轉，右腳經左腿後向左插步；同時左手在右手後接握劍柄，兩手持劍，右臂外旋，使劍向下、向左擺於左下方，右手小指一側劍刃向左。目視劍身（圖3-310、圖3-310附圖）。

圖 3-310　　　　圖 3-310 附圖

圖 3-311

② 身體右轉；同時兩手持劍，右臂內旋，使劍向上、向右前上方擺動絞劍於身體右前方，右手心向前下方，劍尖向右前上方；隨之左腳向左後方退步。目視劍身（圖 3-311）。

③ 身體左轉，右腳經左腳後向左插步，右腿伸直腳跟抬起，左腿屈膝下蹲成叉步；同時兩手持劍，向左下方截劍，右手小指一側劍刃向左，劍尖向左下方。目視劍身（圖 3-312、圖 3-312 附圖）。

57. 左戳腳步反撩劍

身體右轉，右腳向前跨步，隨之左腳拖步向前跟進成左戳腳步；同時左手變劍指，扶於右腕部；右手持劍臂內旋，使劍向前、向上撩劍，小指一側劍刃向前上方，劍尖斜向前下方。目視劍身（圖 3-313）。

58. 右戳腳步推劍

① 身體右轉；同時左手在右手後接握劍柄，兩手持

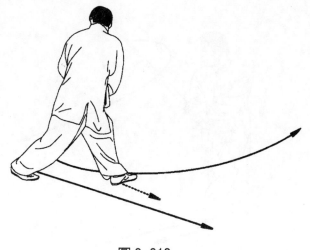

圖 3-312

圖 3-312 附圖　　　　　　圖 3-313

劍，右臂外旋，用劍身前部拇指一側劍刃向左上方掛劍於左肩前。目視劍身前部（圖 3-314）。

　②身體左轉，左腳向前跨步，隨之右腳拖步向前跟進成右戳腳步；同時兩手持劍，右臂外旋，使劍尖向右畫弧，

圖 3-314

圖 3-315

隨之向前推劍，右手心向上，劍尖向右前方。目視劍身（圖 3-315）。

59. 腕花左弓步刺劍

① 左手變劍指，扶於右腕部，右手持劍臂外旋再內旋，以腕為軸，使劍尖向下、向後、向上、向前沿右臂外側腕花繞環一周，右手拇指一側向上，劍尖向前。目視劍身（圖3-316）。

圖 3-316

② 重心後移，右腳跟踏實，兩腿屈膝半蹲成半馬步；同時右手持劍，屈肘臂內旋，向後抽壓、右手心向下；左劍指仍扶於右腕部。目視劍身（圖 3-317）。

③ 重心前移，左腳向前移半步，左腿屈膝半蹲前弓，

圖 3-317

圖 3-318

右腿挺膝伸直成左弓步；同時右手鬆握劍柄，滑把握劍柄後部，使劍尖向前上刺劍，右手心向下，左劍指仍扶於右腕部。目視劍尖（圖 3-318）。

60. 左虛步持劍

重心後移，右腿屈膝半蹲，左腳後移半步腳尖點地成左虛步，身體微右轉；同時右臂內旋，右手持劍，使劍柄向後、向下收於腹前；隨之左手虎口向後從劍柄上接握劍格和劍柄，食指伸直扣壓於劍柄上，左臂屈肘，劍脊貼於左前臂下，劍尖向左前上方。目視左前方（圖 3-319）。

圖 3-319

圖 3-320

收勢：併步持劍

左腳向前上半步，隨之右腳向左腳併步站立；同時左手持劍，直臂垂於身體左側，手心向後；右手變劍指，直臂垂於身體右側，手心向後。目平視前方（圖3-320）。

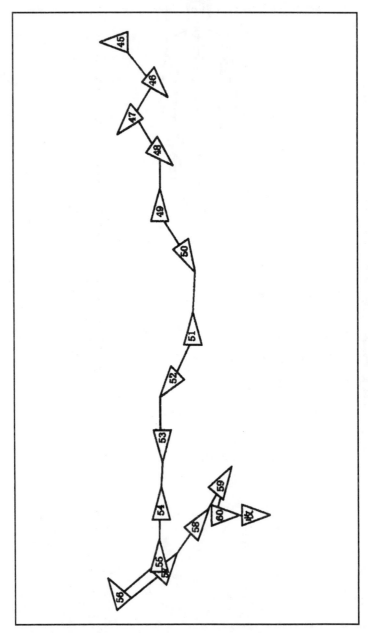

國家圖書館出版品預行編目資料

螳螂拳／中國武術系列規定套路編寫組　編著
　　　——初版，——臺北市，大展，2002〔民91〕
　　　面；21公分，——（中國武術規定套路；1）
　　　ISBN　957-468-153-x（平裝）

1.拳術—中國
528.97　　　　　　　　　　　　　　91010367

北京人民體育出版社授權中文繁體字版

螳 螂 拳

ISBN 957-468-153-x

編 著 者／中國武術系列規定套路編寫組
審　　定／國家體育總局武術研究院　等
繪　　圖／臧　　燕
責任編輯／張 建 林
發 行 人／蔡 森 明
出 版 者／大展出版社有限公司
社　　址／台北市北投區（石牌）致遠一路2段12巷1號
電　　話／（02）28236031・28236033・28233123
傳　　眞／（02）28272069
郵政劃撥／01669551
E－mail／dah-jaan@ms9.tisnet.net.tw
登 記 證／局版臺業字第2171號
承 印 者／高星印刷品行
裝　　訂／日 新 裝 訂 所
排 版 者／弘益電腦排版有限公司
初版1刷／2002年（民91年）8月

定　價／300元

品嘗好書　冠群可期

品嘗好書　冠群可期